Cuaderno de práctica qu

MÁS

español intermedio

Ana María Pérez-Gironés
Wesleyan University

Virginia Adán-Lifante
University of California, Merced

Zaira Rivera Casellas
Universidad de Puerto Rico, Río Piedras

Mc Graw Hill

Connect
Learn
Succeed™

The McGraw·Hill Companies

Mc Graw Hill
Connect
Learn
Succeed™

Published by McGraw-Hill, an imprint of The McGraw-Hill Companies, Inc., 1221 Avenue of the Americas, New York, NY 10020. Copyright © 2014. All rights reserved. No part of this publication may be reproduced or distributed in any form or by any means, or stored in a database or retrieval system, without the prior written consent of The McGraw-Hill Companies, Inc., including, but not limited to, in any network or other electronic storage or transmission, or broadcast for distance learning.

This book is printed on acid-free paper.

1 2 3 4 5 6 7 8 9 0 QPD/QPD 0 9 8 7 6 5 4 3

ISBN: 978-0-07-779700-3
MHID: 0-07-779700-0

MÁS
Vice President and General Manager: *Michael Ryan*
Managing Director: *William R. Glass*

AUTHORS
Ana María Pérez-Gironés
Virginia Adán-Lifante

EDITORIAL
Brand Manager: *Katherine Crouch*
Senior Director of Development: *Scott Tinetti*
Digital Development Editor: *Sadie Ray*
Film Researcher: *Misha Maclaird*

MARKETING
Marketing Manager: *Jorge Arbujas*
Marketing Coordinator: *Esther Cohen*

PRODUCTION
Senior Production Editor: *Mel Valentin*
Buyer: *Carol Bielski*
Senior Production Supervisor: *Richard DeVitto*
Compositor: *Aptara*
Printer: *Quad Graphics–Versailles*

ART & PHOTO
Design Manager: *Matthew Baldwin*
Interior/Cover Designer: *Preston Thomas*
Content Licensing Specialist: *Ann Marie Jannette*
Photo Researcher: **J**ennifer Blankenship

ONLINE
Digital Project Manager: *Kelly Heinrichs*

Grateful acknowledgment is made for the use of the following material:
Photos: Page 16: Courtesy Professor Chon Noriega, University of California, Los Angeles; **33:** Eugenio María de Hostos Community College/CUNY; **43:** Courtesy of the author; **49:** © Digital Vision/Getty Images; **69:** © Marco Di Lauro/Getty Images; **77:** © Javier Pierini/Getty Images; **83:** © Rop Zoutberg/Hollandse Hoogte/Redux; **100:** © 2008 by James Quine and Odyssey Productions, Inc.; **117:** © Brian Barneclo; **124:** © Wayne Lawler; Ecoscene/CORBIS; **133:** © Digital Vision/PunchStock; **146:** © Erin Currier; **155:** © Brand X Pictures/PunchStock; **161:** © Archivo Iconografico, S.A./CORBIS; **169, 176:** The Granger Collection, New York

Text: Page 89: Courtesy of Southwest Airlines; **106:** Courtesy of Denver Public Library

www.mhhe.com

Contenido

Unidad 3   Nuestra sociedad

Unidad 4   Un poco de historia

Preface

Cuaderno de práctica

The *Cuaderno de práctica* is designed to accompany *MÁS: español intermedio.* It offers additional practice with vocabulary, grammar, listening comprehension, writing, pronunciation, and spelling to be done by students outside of class. The *Cuaderno* contains twelve chapters, corresponding to the textbook chapters, and each chapter is divided into writing- and listening-based parts, entitled **Práctica escrita** and **Práctica auditiva,** respectively. Answers to most sections are available for student self-correction in the back of the book, and are indicated with a ☐*☐. The more open-ended activities require instructor assessment. Additional information on assigning and evaluating the *Cuaderno* sections is available in the Instructor's Manual on the Online Learning Center.

Práctica escrita

The first two sections of the **Práctica escrita** offer focused practice on the **Palabras** and **Estructuras** sections of the textbook. The **Estructuras** section culminates with an **Autoprueba,** which resembles the **Gramática en acción** activity found online in Connect Spanish. The third section is **¡No te equivoques!**, which corresponds with its equivalent in the **Redacción** section in the textbook, and deals with groups of words that usually present difficulty for students at this level, e.g., **por** versus **para, saber** versus **conocer, preguntar** versus **pedir,** etc. As its title suggests, it deals exclusively with personal, open-ended activities. The next section is called *MÁS* **personal.** As its title suggests, it deals exclusively with personal, open-ended activities.

Práctica auditiva

This portion of the *Cuaderno* is to be accompanied by the Audio Program, which is available free of charge on CD to adopting institutions, for individual purchase on CD by students, or on the Online Learning Center: **www.mhhe.com/mas.**

The **Práctica auditiva** does not correspond exactly to any particular section of the chapter. It has three main sections, each of which tries to meet a specific area in need of attention at the second-year level.

- **Ortografía y pronunciación** opens the **Práctica auditiva,** and each chapter focuses on a particular set of sounds in Spanish, both regarding pronunciation and spelling, such as the vowels, stress marks, /d/ versus /t/ and /r/, etc. Each section starts with a pronunciation presentation, including a description of how to physically produce a sound when needed, followed by several activities that range from sound repetition, to recognition, to written production.
- **Cultura** is a listening comprehension activity. This section offers students the possibility of extra listening practice at their individual pace. The **Cultura** section in the *Cuaderno* is similar to the **Cultura** section in the textbook in that it deals with cultural information related to the chapter theme. The text, which is available to students only as an audio track, is accompanied by an on-page visual, a **Vocabulario útil** list, and a comprehension activity.
- The last section of **Práctica auditiva** is **Circunlocución: Cuando no conocemos la palabra exacta.** As its title indicates, it focuses on understanding and providing explanations for words students will most likely not know in the target language. This is an important comprehension strategy for language students and is one of the defining skills for the intermediate level in the Oral Proficiency Guidelines.

Acknowledgments

The authors would like to thank William Glass, Scott Tinetti, Sadie Ray, Mel Valentin, Carol Bielski, and the entire production team at McGraw-Hill for their useful and creative contributions to this *Cuaderno de práctica.*

Cuestión de imagen

Práctica escrita

Palabras

[*] **ACTIVIDAD 1** **¿Qué es?** Completa las siguientes oraciones con la palabra correcta del vocabulario.

1. El pelo de color blanco que tienen normalmente las personas adultas se llama _____.

2. Si una persona no ve bien y no quiere llevar anteojos, puede usar _____.

3. El pelo que les sale a los hombres en la cara se llama _____.

4. Las partes del cuerpo que usamos para ver son _____.

5. Si vemos una _____ en alguna parte del cuerpo de una persona, sabemos que tuvo una herida (*wound*) en ese lugar de su cuerpo.

6. Sabemos que una persona está contenta cuando tiene una _____ en su boca.

7. Algunas personas pelirrojas suelen tener muchas _____ en el rostro.

8. Cuando una persona no tiene pelo en la cabeza decimos que está _____.

*ACTIVIDAD 2 **Asociaciones** Marca la palabra que <u>no</u> asociamos normalmente con las siguientes personas o animales.

1. un pirata

   a. cicatriz   b. barba   c. anteojos

2. un niño de tres años

   a. bigote   b. sonrisa   c. pecas

3. un gato

   a. ojos   b. pelo   c. lunar

4. un/una adolescente (*teenager*)

   a. apariencia   b. canas   c. imagen

*ACTIVIDAD 3 **Definiciones** Completa las siguientes oraciones con el adjetivo o la expresión de la sección **Palabras** que mejor defina a estas personas.

1. Carmen siempre dice cosas que no son verdad. Ella es _____.

2. A Alejandro y a Miguel les da vergüenza hablar con sus profesores. Ellos son

   _____.

3. Ernesto nunca da las gracias ni pide las cosas por favor. Él es _____.

4. Lydia e Isabel tienen unas ideas muy liberales. Ellas no son _____.

5. Patricia nunca se ríe. Ella es _____.

6. Fernando y Antonio nunca se enfadan y siempre están alegres. Ellos

   tienen _____.

7. Pedro nunca cambia de opinión. Él es muy _____.

8. A Roberto no le gusta prestar sus cosas a las demás personas. Él es muy

   _____.

Estructuras

1. El presente de indicativo

[*] **ACTIVIDAD 1**   **Verbos irregulares**   Completa el siguiente cuadro de verbos irregulares.

	cerrar	encender	mentir	oír	tener	venir
yo			miento			
tú		enciendes				
vos	cerrás					venís
él/ella						
nosotros					tenemos	
vosotros				oís		
ellas						

[*] **ACTIVIDAD 2**   **Verbos regulares**   Completa el siguiente párrafo con la forma adecuada del presente de indicativo de los verbos que están entre paréntesis.

Estas fotos de la fiesta internacional son muy bonitas. Aquí Juan _____[1] (cantar) una canción colombiana mientras yo _____[2] (preparar) bebidas típicas de Cuba. En esta otra, tú y Emilia _____[3] (correr) hacia la puerta. Mira, aquí don José, el profesor hondureño, _____[4] (hablar) con Ana y la amiga de ella. En esta foto tú y Agustín _____[5] (escribir) la dirección de Carlos. Él todavía _____[6] (vivir) en Uruguay. Aquí tú _____[7] (beber) jugo de mango mientras Mar y Cristina _____[8] (escuchar) a Agustín tocar la guitarra. Él _____[9] (tocar) muy mal. En esta foto todos nosotros _____[10] (bailar) salsa. En esta última, Felicidad y María _____[11] (comer) tortilla española. ¡Qué rica!

2. *Cómo se expresa* to be

⁕ ACTIVIDAD 1   *Ser o estar*   Completa las siguientes oraciones con la forma apropiada del verbo **ser** o **estar**, según el caso.

1. Ella _____ profesora de literatura.

2. Nosotros _____ cansados.

3. La mesa _____ de madera.

4. La fiesta _____ a las ocho de la noche.

5. ¿Tú _____ a dieta?

6. Nuestra universidad _____ cerca de la ciudad.

7. _____ la una de la tarde.

8. Los Martínez _____ de vacaciones.

9. Jim _____ norteamericano.

10. Hoy _____ el primero de mayo, Día de los Trabajadores.

⁕ ACTIVIDAD 2   *Haber, tener o hacer*   Completa las siguientes oraciones con la forma apropiada del verbo **haber, tener** o **hacer**, según el caso.

1. Tú _____ razón. Ese carro es demasiado caro.

2. _____ mucha gente en el concierto.

3. Llevo un abrigo porque _____ mucho frío en esta sala.

4. _____ hambre y queremos comer ahora.

5. Los niños _____ sueño y van a dormir.

6. David _____ vergüenza de cantar en público.

7. Ella _____ 18 años.

8. En la clase _____ sillas, una mesa y una pizarra.

9. _____ mucho calor en el verano.

10. ¡Mira! _____ un carro muy extraño afuera.

* **ACTIVIDAD 3**   **Latinos, hispanos y otros términos**   Completa las siguientes ideas con la forma apropiada de **ser, estar, hacer, tener** o **haber.**

1. En Latinoamérica _____ indígenas, blancos, negros, mestizos (*people of mixed race*) y descendientes de europeos.

2. El uso de los términos «hispano» y «latino» _____ más común en los Estados Unidos que en Latinoamérica y España.

3. En los países hispanohablantes, una persona hispana _____ alguien que nació en un país donde se habla español o se identifica con él, mientras que los latinos _____ las personas originarias de países latinoamericanos y europeos donde se hablan idiomas derivados del latín.

4. El término «chicano» identifica a los ciudadanos estadounidenses que _____ ascendencia mexicana.

5. El término «nuyorrican» _____ dos usos: identifica a los puertorriqueños nacidos en Nueva York y también se aplica a las manifestaciones culturales producidas en los Estados Unidos por puertorriqueños, como su literatura.

6. _____ dominicanos nacidos en los Estados Unidos que se identifican como «dominicanyork».

7. _____ más de dos siglos que hay hispanos en el territorio de los Estados Unidos, porque parte del territorio era antes de México.

3. Comparaciones

ACTIVIDAD 1 **Comparaciones de igualdad** Lee las siguientes oraciones. Luego completa las comparaciones de igualdad que les siguen.

Ejemplo: Yo soy muy simpática. Mi madre es muy simpática también.

Yo soy _tan_ simpática _como_ mi madre

1. Juan es un joven guapo. José es muy guapo también.

   Juan es _____ guapo _____ José.

2. La familia Rodríguez tiene cuatro niños. La familia Pérez tiene cuatro niños.

   La familia Rodríguez tiene _____ niños _____ la familia Pérez.

3. Hay cien personas en la fiesta. Hay cien personas en el concierto.

   Hay _____ personas en la fiesta _____ en el concierto.

4. Estoy cansada de estudiar. Mi amiga está cansada de estudiar también.

   Estoy _____ cansada de estudiar _____ mi amiga.

5. Tenemos cinco pruebas en la clase de español. Tenemos cinco pruebas en la clase de historia.

   Tenemos _____ pruebas en la clase de español _____ en la clase de historia.

ACTIVIDAD 2 **Comparaciones de desigualdad** Completa las comparaciones de acuerdo con las oraciones originales.

Ejemplo: Nosotros tenemos dos exámenes. Uds. tienen tres exámenes.

Nosotros tenemos _menos_ exámenes _que_ ustedes.

1. Miguel tiene un carro. Adrián tiene dos carros.

   Miguel tiene _____ carros _____ Adrián.

2. Mi hermano tiene 15 años. Yo tengo 18 años.

   Mi hermano es _____ _____ yo.

3. Este libro cuesta 12 dólares. Ese libro cuesta 10 dólares.

   Este libro es _____ caro _____ ese libro.

4. La primera película de ese director es buena. La nueva es buenísima.

   La nueva película de ese director es _____ _____ la primera.

5. Nosotros llegamos a las siete de la mañana. La profesora llega a las ocho de la mañana.

   Nosotros llegamos _____ temprano _____ la profesora.

* Actividad 3   Joaquín y Martín   Completa las siguientes oraciones con términos comparativos, basándote en el dibujo.

Joaquín, 18 años   *Martín, 15 años*

1. Joaquín es _____ organizado _____ Martín.

2. Martín tiene menos _____ 18 años, por lo tanto es _____ joven _____ Joaquín.

3. El cuarto de Joaquín es el _____ limpio de la casa.

4. Está claro que a Martín no le gustan los libros _____ _____ le gustan a Joaquín.

5. A Joaquín le interesa _____ la tecnología _____ los deportes.

6. Martín va a la playa _____ veces _____ puede.

Hispanos en los Estados Unidos   Completa el párrafo con las formas apropiadas del presente de indicativo de los verbos **ser, estar, hacer, tener, haber** o de los que aparezcan entre paréntesis. En los casos marcados con asteriscos (*), necesitas incluir términos de comparación.

En los Estados Unidos _____[1] diferentes términos para identificar a los grupos de origen hispano. Por ejemplo, el término «chicano/a» se _____[2] (referir) exclusivamente a los ciudadanos de los Estados Unidos de ascendencia mexicana, a diferencia del término «hispano/a», que _____[3] relacionado con personas que vienen de países en donde en general se habla español. Los términos «hispano/a» y «chicano/a», al igual que «latino/a», tan usados en los Estados Unidos, no siempre _____[4] (implicar) que estas personas hablen el español _____*[5] que el inglés. En los Estados Unidos hay _____*[6] hispanos hispanohablantes o bilingües _____*[7] hispanos que sólo hablan inglés, pero la realidad es que hay hispanos que vienen de familias que llevan varias generaciones en este país y que _____ [8] (preferir) comunicarse en inglés. De hecho, ésa _____[9] la situación de muchos descendientes de mexicanos y puertorriqueños que viven en los Estados Unidos. _____*[10] el término «chicano/a» _____*[11] el término «nuyorrican», que _____[12] (identificar) a los puertorriqueños nacidos en Nueva York, se aplican a una producción literaria escrita por esos escritores en inglés o en una mezcla de inglés y español.

¡No te equivoques!   Cómo se expresa *to know*

En esta sección de cada capítulo vas a repasar grupos de palabras que, por interferencia del inglés, suelen presentar dificultad a los estudiantes de español de nivel intermedio. Cada una de estas secciones ofrece un cuadro con explicaciones y ejemplos seguido de una actividad de práctica. Las palabras y expresiones de cada sección **¡No te equivoques!** se han elegido con el fin específico de ayudarte en la sección **Redacción** del capítulo en que aparece.

conocer	• *to be acquainted/familiar with a person, place, or thing*	¿**Conoces** a mi novia? **Conozco** casi toda Centroamérica, pero no Panamá. Esa historia la **conozco**.
	• *to meet for the first time (in the preterite)*	Se **conocieron** y se enamoraron inmediatamente.
saber	• *to know a fact* • *to know how, to be able* • *to know well (by heart or from memory)* • *to find out (in the preterite)*	**Sé** lo que quieres decir. Manuela **sabe** bailar el tango muy bien. Mi hijo **sabe** toda la letra del himno nacional. Ayer **supe** del accidente de tus padres.

★ PRÁCTICA   Lee las siguientes oraciones. Luego completa las oraciones que expresan la misma idea usando la forma apropiada de **saber** o **conocer**.

Ejemplo: Viví muchos años en el Perú.

        Conozco el Perú muy bien.

1. Juan habla francés y español.

    Juan _____ hablar francés y español.

2. No puedo visitarte porque no me diste tu dirección.

    No puedo visitarte porque yo no _____ tu dirección.

3. He estado muchas veces en Lima.

    _____ Lima muy bien.

4. La primera vez que vi a Jaime y hablé con él fue en tu casa.

    Yo _____ a Jaime en tu casa.

MÁS personal

ACTIVIDAD 1   **Así soy físicamente**   Contesta las siguientes preguntas personales con oraciones completas que correspondan con tus rasgos físicos.

Ejemplo: ¿Tienes los ojos azules?

    No. no tengo los ojos azules. Tengo los ojos color café.

    o: *Sí, tengo los ojos azules.*

1. ¿Tienes pecas? _____

2. ¿Tienes mala apariencia? _____

3. ¿Tienes barba y bigote? _____

4. ¿Tienes los ojos negros? _____

5. ¿Eres pelirrojo/a? _____

6. ¿Tienes el pelo lacio? _____

7. ¿Eres calvo/a? _____

8. ¿Llevas anteojos? _____

9. ¿Tienes un lunar al lado de la nariz? _____

10. ¿Tienes una cicatriz en el rostro? _____

11. ¿Tienes una bella sonrisa? _____

ACTIVIDAD 2   **La personalidad**   Describe tu personalidad y la de las siguientes
personas, incluyendo al menos cuatro características para cada uno.

Ejemplo: Mi abuela: *Mi abuela, por lo general, es una mujer callada pero muy chistosa cuando*

habla. Es generosa y cariñosa, pero a veces un poco terca.

Tú: _____

_____

Un miembro de tu familia: _____

_____

Tu mejor amigo/a: _____

_____

¿?: _____

_____

ACTIVIDAD 3   Un día en tu vida de estudiante   Contesta las siguientes preguntas sobre tu vida universitaria con oraciones completas.

Ejemplo: Por lo general, ¿a qué hora comienzas el día?

Comienzo el día a las ocho de la mañana.

1. ¿Qué clase prefieres, la de español o la de matemáticas?

    _____

2. ¿Se ríen Uds. con frecuencia en la clase de español?

    _____

3. ¿Pueden Uds. ayudar a sus amigos a hacer la tarea?

    _____

4. ¿Cierran Uds. los libros antes de tomar un examen?

    _____

5. Por lo general, ¿dónde haces la tarea?

    _____

6. ¿Juegas videojuegos con tus amigos en tu cuarto?

    _____

7. ¿Suelen acostarse tarde los viernes por la noche los estudiantes de tu universidad?

    _____

8. ¿Tus amigos y tú duermen hasta tarde los sábados por la mañana?

    _____

Práctica auditiva

Pronunciación y ortografía

Las vocales

In Spanish there are only five vocalic sounds, corresponding to the five written vowels. Each of these vowels is almost always pronounced the same, whether or not it is combined with other vowels to form a diphthong (**diptongo**).[*]

Below is a table with a description of how to shape the mouth for each vowel and the closest corresponding sound in English. To practice shaping the mouth correctly, start with the pronunciation of **a.**

	How to form the sound	Spanish examples	English examples
a	Lower jaw drops; tongue barely moves from the resting position when mouth is closed.	carta mamá agua	Like the *a* in *father*, but a bit more relaxed, without lowering the tongue.
e	Close your mouth a bit, as if you are about to form a smile; the tongue will be touching the back of your lower teeth (front and side).	tres ese mesa	Like the *e* in *get*.
i	Close your mouth further, almost into a smile. The tongue is now also touching the back of your upper side teeth.	mis ir fino	Like the *e* sound in *beet*.
o	From the **a** position, round your mouth and lips. The tongue is not touching any teeth and is quite relaxed.	dos cosa oso	Like the *o* in *rope*, but shorter in duration.
u	From the **o** position, close your lips even more, until your tongue touches the upper side teeth.	un gusto blusa	Like the *u* in *flute*, but shorter in duration.

Vowels in English are generally longer, or more drawn out, than their equivalent sounds in Spanish.

---

[*]For more information on diphthongs and syllabication in Spanish, see Appendix II of the *MÁS* textbook.

ACTIVIDAD 1   Escucha y repite   Escucha y repite los siguientes ejemplos de palabras de una sílaba en inglés y español. Nota la diferencia en la pronunciación de las vocales en cada par de palabras. Vas a escuchar cada par de palabras dos veces.

1. *low*   lo

2. *say*   se

3. *day*   de

4. *Sue*   su

5. *me*   mi

6. *law*   la

ACTIVIDAD 2   Pronunciación   Repite dos veces cada palabra después de oírla. Vas a escuchar cada palabra dos veces.

1. Ana	6. bebé	11. olor	16. única
2. haba	7. y	12. pomo	17. deseo
3. papa	8. Ibiza	13. u	18. piedad
4. ene	9. tití	14. ulula	19. puerta
5. ese	10. oso	15. tutú	20. universidad

ACTIVIDAD 3   Canción de niños   Esta canción es un juego de niños que consiste en repetir la canción usando cada vez sólo una de las cinco vocales españolas.

Tengo una hormiguita en la patita (*little leg*)

que me está haciendo cosquillita (*little tickle*)

y me pica, y me pica (*it itches*).

Escucha el ejemplo. Luego, repite la canción sin música con cada una de las vocales.

Ejemplo: Tengo una hormiguita en la patita...

(Con la *a*): Tanga ana harmagata an la patata...

1. Con la **a.**   3. Con la **i.**   5. Con la **u.**

2. Con la **e.**   4. Con la **o.**

*Cultura El mundo académico y la realidad de los hispanos en los Estados Unidos

Escucha el texto y completa la actividad que sigue. Vas a escuchar el texto dos veces.

El profesor Chon A. Noriega, director del Centro Investigativo de los Estudios Chicanos de UCLA

Vocabulario útil

el derecho   *right*

¿Entendiste? Completa el resumen del texto que acabas de oír con la información necesaria.

Los grupos de ascendencia mexicana y _____[1] están presentes

en los Estados Unidos desde antes del siglo _____[2] (XX). Las universidades

_____[3] han creado programas especializados en estudiar su realidad social

y política, y su _____[4] cultural. El interés por estudiar la realidad de estas

comunidades comienza después de las luchas de los derechos civiles en los años

_____[5] y _____.[6] Los grupos que han emigrado más recientemente

son los cubanos, los dominicanos y los _____.[7] Los _____[8] que vienen

de estos grupos están muy interesados por conocer más sobre el origen de sus

_____.[9]

⁕ Circunlocución: Cuando no conocemos la palabra exacta

Esta última sección de cada capítulo de tu *Cuaderno de práctica* sirve para practicar la circunlocución, es decir, el tipo de explicación que damos cuando no podemos nombrar algo exactamente y tenemos que definirlo o describirlo. Esta función lingüística es siempre útil en la comunicación, especialmente cuando no somos hablantes nativos y tenemos un vocabulario limitado.

Empareja cada una de las tres definiciones que vas a escuchar con el dibujo y palabra correspondientes. Vas a escuchar cada definición dos veces. Luego escribe tu propia definición de la última palabra.

Cada uno de los dibujos representa un adjetivo que describe una emoción.

A. cabizbajo/a

B. iracundo/a

C. asqueado/a

D. estupefacto/a

1. _____ 2. _____ 3. _____

Tu definición:

_____

_____

«Yo soy yo y mis circunstancias» 2

Práctica escrita

Palabras

[*] ACTIVIDAD 1   **Definiciones**   Empareja una definición de la columna A con una palabra de la columna B.

	A		B
_____	1. una persona que niega la existencia de Dios		a. rito
_____	2. una persona que pertenece a la iglesia luterana, evangelista o baptista, por ejemplo		b. rezar
			c. ateo/a
_____	3. firme acuerdo y conformidad con alguna cosa transcendental		d. apoyar
_____	4. costumbre o ceremonia		e. protestante
_____	5. hablar con Dios		f. creencia
_____	6. favorecer, patrocinar o ayudar		

* ACTIVIDAD 2   **Mi compañero Rubén y yo**   Completa el párrafo con las palabras apropiadas de la siguiente lista, conjugando los verbos en el presente de indicativo.

agnóstico   amistad   asociación   compañero   creencias

equipo   formar parte   generación   partido   pertenecer

Mi _____¹ de clase Rubén y yo tenemos mucho en común. Los dos nacimos en la década de los 90, así que somos de la misma _____.² Ambos _____³ a un grupo musical que se llama «Latin Rrrrap» y jugamos en el mismo _____⁴ de béisbol. Además nosotros _____⁵ del club de escaladores de montañas de la universidad y de la _____⁶ de estudiantes latinos. Ni a Rubén ni a mí nos interesa la política, así que no estamos afiliados a ningún _____⁷ político. En realidad, la diferencia más grande entre nosotros son nuestras _____ ⁸ religiosas: yo creo en Dios, pero Rubén es _____.⁹ Esto, sin embargo, no influye de manera negativa en nuestra gran _____.¹⁰

* ACTIVIDAD 3   **Palabras diferentes**   Señala la palabra que no pertenece al grupo.

Ejemplo: horario   (faltar a clase)   fecha límite

1. informática   derecho   ingeniería
2. facultad   nota   suspender
3. bachillerato   licenciatura   horario
4. apuntes   beca   informe escrito
5. fecha límite   horario   plazo
6. judía   agnóstica   fe

Estructuras

4. Los pronombres de objeto directo e indirecto

* ACTIVIDAD 1   **Pronombres de objeto directo**

Completa los siguientes diálogos con el pronombre de objeto directo apropiado.

Ejemplo: —¿Dónde está la cafetera (*coffee pot*)?

— ___La___ tiene Marisa, porque la suya no funciona.

1. —No oí bien. ¿Quién hizo la pregunta?

    —_____ hice yo.

2. —¿Puedo usar tu libro de español? El mío está en casa de mi novio.

    —Pues claro, puedes usar_____ ahora, pero yo _____ necesito esta noche.

3. —¿Vas a ver a tus padres este fin de semana?

    —No, voy a ver_____ el miércoles de la próxima semana.

4. —¿Por qué tienes que hacer todas las galletas esta noche?

    —Tengo que hacer_____ todas porque prometí llevar_____ a la
    iglesia mañana para el servicio de las nueve.

5. —¡Qué hambre tengo!

    —Pues _____ invito a comer, porque te debo una invitación.

6. —¡Vámonos al cine! Estoy deseando ver la nueva película de Gael García Bernal.

    —¡Estupendo! Yo también estoy deseando ver_____.

[*] **ACTIVIDAD 2**   **Pronombres de objeto directo**   Identifica el objeto directo que
sustituye el pronombre de cada oración.

Ejemplo: Mi profesor quiere leer el poema que escribí. Voy a llevar<u>lo</u> a clase mañana.

(el poema)/ mi profesor

1. ¿Sabes que Jaime se va a presentar a las elecciones para presidente del estudiantado?
   Me <u>lo</u> dijo esta mañana.

   Jaime / que Jaime se va a presentar para presidente

2. La razón <u>la</u> tiene María, pero eso no importa en este momento.

   María / la razón

3. Los exámenes se <u>los</u> devolvió la profesora a los estudiantes esta mañana.

   los exámenes / los estudiantes

4. Estoy hablando contigo, ¿es que no <u>me</u> oyes?

   yo /a mí

5. A la fiesta voy a traer una ensalada grande, cinco sillas y a mis compañeras de casa.
   Puedo traer<u>las</u> <u>a todas</u>, ¿no?

   todas las cosas / las compañeras de casa

* ACTIVIDAD 3   **Pronombres de objeto indirecto**   Escoge el pronombre de objeto indirecto apropiado para cada oración.

Ejemplo: (Le / Les) prestó el CD a su hermana.

1. El profesor (le / les) explicó el tema de la composición a los estudiantes.

2. (Me / Te) preguntó a ti, no (me / te) preguntó a mí.

3. El gobernador (le / les) agradeció a su equipo de trabajo el éxito de la actividad.

4. (Me / Nos) regaló flores a todos nosotros.

5. El director (le / les) preguntó el nombre al empleado varias veces.

6. Los estudiantes de segundo año (les / nos) dimos la bienvenida a los nuevos estudiantes.

* ACTIVIDAD 4   **Para evitar la redundancia**   Completa el siguiente diálogo con los pronombres de objeto directo e indirecto necesarios, poniéndolos en el lugar más apropiado con los verbos que están entre paréntesis. Sigue el ejemplo.

JEFA: Necesito revisar el informe. *¿Me lo puede buscar* (puede buscar)?

SECRETARIA: _____ _____ _____¹ (busco) ahora mismo.

JEFA: El decano (*dean*) no pudo asistir a la reunión con el profesorado.

SECRETARIA: No se preocupe. Ya _____ _____² (enviamos) una carta para informarle sobre los temas discutidos en la reunión.

JEFA: ¿Cuándo _____ _____ _____³ (envió) usted?

SECRETARIA: Ayer.

JEFA: ¿ _____ _____ _____⁴ (va a recibir) antes de la próxima reunión?

SECRETARIA: Seguro que sí. Otra cosa: a Ud. _____ _____⁵ (enviaron) los artículos de la biblioteca que pidió ayer.

JEFA: Bien. ¿Dónde están?

SECRETARIA: _____ _____⁶ (puse) en su mesa.

JEFA: ¿ _____ _____⁷ (podría hacer) unas fotocopias?

SECRETARIA: Cómo no: _____ _____ _____⁸ (hago) ahora mismo.

5. Los reflexivos

ACTIVIDAD 1   **Verbos reflexivos**   Completa el siguiente cuadro de verbos reflexivos.

	yo	tú	vos	él/ella/Ud.	nosotros	vosotros	ellos/Uds.
acostarse	me acuesto						
dormirse					nos dormimos		
enamorarse		te enamoras					
ponerse							se ponen
parecerse				se parece			
volverse			te volvés				
divertirse						os divertís	

ACTIVIDAD 2   **Mis compañeros de casa y yo**   Completa el siguiente texto conjugando los verbos reflexivos que están entre paréntesis. Pueden estar en el presente de indicativo o en el infinitivo.

Mis compañeros de casa y yo nunca _____¹ (acostarse) temprano:

siempre _____² (quedarse) hasta tarde charlando o viendo la tele. Por

eso, tenemos serios problemas para _____³ (despertarse) por la mañana.

Afortunadamente, yo soy el único que _____⁴ (ducharse) por la mañana.

Mi primera clase es muy temprano y por eso _____⁵ (beberse) el café por el

camino (*on the way*). Cuando yo _____⁶ (irse), mis compañeros todavía están

durmiendo.

La verdad es que los cuatro _____⁷ (divertirse) mucho viviendo juntos. Yo

sólo _____⁸ (enojarse) cuando mis compañeras Luisa y Daniela necesitan usar el baño al mismo tiempo que yo. Las dos _____⁹ (peinarse) y

_____¹⁰ (maquillarse) por una hora antes de salir. En esta situación, Gabriel

y yo _____¹¹ (sentarse) a leer el periódico y tratamos de _____ ¹²

(calmarse). ¿Qué más se puede hacer?

* **ACTIVIDAD 3**   **Tu generación**   Completa las siguientes oraciones conjugando los
verbos entre paréntesis en el presente de indicativo. Además, tienes que decidir si el
verbo es reflexivo o no en cada caso.

Ejemplo: Nosotros __nos reunimos__ (reunir) a discutir problemas de actualidad.

1. Los estudiantes universitarios _____ (dedicar) mucho tiempo a los
   estudios.

2. Muchos jóvenes _____ (tatuar) por todo el cuerpo.

3. Muchos jóvenes _____ (llamar) a sus padres con frecuencia.

4. Nosotros _____ (dormir) pocas horas las noches entre semana.

5. Muchos de nosotros _____ (enamorar) con frecuencia.

6. Mi generación _____ (acordar) de votar en las elecciones.

7. Muchos _____ (dedicar) a hacer trabajo voluntario.

8. No muchos de mis compañeros _____ (ir) de la universidad sin terminar
   sus estudios.

6. Gustar y otros verbos similares

* **ACTIVIDAD 1**   **Frases incompletas**   Siguiendo el ejemplo, completa las oraciones
con los verbos que están entre paréntesis y otras partes de la oración necesarias.

Ejemplo: ___A___ mí no ___me___ ___toca___ (tocar) organizar la reunión de nuestra
          asociación.

1. A mi hermano _____ _____ (gustar) su nuevo trabajo.

2. _____ _____ me _____ (doler) los pies cuando bailo mucho.

3. A la profesora _____ _____ (encantar) la poesía hispanoamericana.

4. Nos _____ (hacer falta) estudiar más para la prueba.

5. A mis vecinos _____ _____ (molestar) la música a todo volumen después de la medianoche.

6. ¿Es que a _____ no te _____ (importar) la opinión de los demás?

7. No nos _____ (quedar) mucho dinero para el resto del viaje.

8. ¿A quién _____ _____ (tocar) presentar su informe?

9. _____ Camilo y Gabriela _____ _____ (caer mal) la novia de Andrés.

ACTIVIDAD 2   Variaciones   Las siguientes oraciones tienen verbos como **gustar**. Cámbialas para practicar algunas posibles variaciones.

Ejemplo: Me encanta el chocolate.

   a. *A mí me encanta el chocolate.*

   b. *El chocolate me encanta.*

1. Te molestan los zapatos.

   a. _____

   b. _____

2. Nos conviene esta clase.

   a. _____

   b. _____

3. Le (Ud.) duele la cabeza.

   a. _____

   b. _____

[*] **ACTIVIDAD 3   Deducciones**   Completa las oraciones con un verbo de la lista y el objeto indirecto apropiado.

convenir	hacer falta	interesar	encantar
molestar	parecer	quedar	tocar

Ejemplo: José compra una novela todas las semanas. A José _le encanta_ la literatura.

1. No estoy de acuerdo contigo. _____ que estás equivocada.

2. Ya nosotros expresamos nuestra opinión. Ahora _____ a Uds. decir lo que piensan.

3. La situación económica de sus padres es difícil. Por eso a Samuel _____ ahorrar en sus gastos porque ellos no pueden ayudarlo mucho económicamente.

4. Juan practica el piano todos los días. _____ la música.

5. No puedo pagar todos los gastos del viaje. _____ más dinero.

6. Llevo mucho tiempo esperándote. _____ que me hagas esperarte siempre.

7. Manuel quiere conocer otros países. _____ mucho saber de la historia de otras culturas.

8. El libro tiene doce capítulos. Leíste ocho capítulos ayer, así que _____ solamente cuatro capítulos para terminar el libro.

---

* AUTOPRUEBA   **La presencia profesional de las mujeres en la sociedad actual**
Completa el siguiente párrafo escogiendo uno de los dos infinitivos que están entre paréntesis y conjugándolo en el presente de indicativo. Los infinitivos marcados con un asterisco son del tipo del verbo **gustar** y requieren un objeto indirecto además de la conjugación del verbo.

Cada vez más las mujeres _____[1] (interesar / interesarse) en carreras universitarias. No sólo asisten a la universidad, sino que _____[2] (graduar / graduarse) en proporciones mayores que los hombres. Esos cambios _____[3] (reflejar / reflejarse) en el ambiente universitario: hoy hay más mujeres en puestos administrativos. Por otro lado, las mujeres ya no sólo _____[4] (dedicar / dedicarse) a profesiones tradicionalmente asociadas a su género, como la enfermería y la pedagogía. Las estadísticas recientes muestran que hoy día más mujeres _____[5] (esforzar / esforzarse) por ingresar en carreras como ingeniería, medicina, derecho, etcétera. A pesar de estos cambios, la sociedad todavía _____[6] (identificar / identificarse) a las mujeres con la responsabilidad del hogar y la familia, lo cual resulta a veces en que a muchas mujeres

_____ [7] (tocar*) trabajar doble jornada. Por el contrario, muchos hombres no

_____ [8] (enfrentar / enfrentarse) al dilema de la profesión frente al hogar.

Es una situación que a muchos de nosotros _____ [9] (parecer*) muy difícil

e injusta. Afortunadamente, se empiezan a ver más hombres que _____ [10]

(convertir / convertirse) en amos de casa (*househusbands*), mientras que sus mujeres

continúan una carrera profesional.

¡No te equivoques!   Maneras de expresar *but*

pero	*but* (introduces an idea contrary or complementary to the first idea in the sentence)	Quiero viajar, **pero** no puedo este año. No estoy ganando mucho dinero con este trabajo, **pero** estoy aprendiendo mucho.
sino	*but rather, instead* (contrasts nouns, adjectives, or adverbs; used when the first part of the sentence negates something and what follows takes the place of what is negated)	No es rojo **sino** morado. El examen no fue difícil **sino** dificilísimo. Lo importante no es ganar **sino** participar.
sino que	*but rather, instead* (used like **sino**, but to contrast conjugated verbs)	Lo importante no es que ganaste **sino que** disfrutaste.

* **PRÁCTICA**   Llena los espacios en blanco con **pero, sino** o **sino que**, según el caso.

1. Mi equipo de fútbol no es muy bueno, _____ todos nos divertimos jugando.

2. Mi equipo de fútbol no es muy bueno, _____ malo.

3. No, nuestro entrenador no es don Antonio, _____ don Ismael.

4. Nuestro entrenador es muy estricto, _____ es muy simpático también.

5. Nuestro entrenador no quiere que corramos tanto en los partidos, _____ les pasemos la pelota a nuestros compañeros.

6. Nuestro entrenador quiere que les pasemos la pelota a nuestros compañeros, _____ nadie lo escucha.

MÁS personal

ACTIVIDAD 1   **Perfil personal**   Contesta las siguientes preguntas.

1. ¿Eres muy religioso/a? ¿Con qué denominación religiosa te identificas?

   _____

2. ¿Dónde estás registrado para votar? ¿Por qué allí?

   _____

3. ¿Qué área de estudios te interesa más: las humanidades, las ciencias sociales o las ciencias naturales? ¿Qué cursos tomas este semestre?

   _____

4. ¿A qué grupo o equipo en el campus perteneces?

   _____

ACTIVIDAD 2   **Detalles de tu vida**   Contesta las siguientes preguntas usando pronombres para evitar la repetición de los objetos directos.

Ejemplo: ¿Con qué frecuencia ves a tu mejor amigo/a en el campus?

   Lo/La veo casi todos los días para cenar.

1. ¿Con qué frecuencia ves a tu mejor amigo/a en el campus?

   _____

2. ¿Te mandaron tus padres un paquete la semana pasada?

   _____

3. ¿Quién te dio el mejor regalo este año?

   _____

4. ¿Quieres comprarle un buen regalo a tu mejor amigo/a para su próximo cumpleaños?

   _____

ACTIVIDAD 3   **Reacciones**   ¿Cómo reaccionas en las siguientes situaciones? Usa un verbo diferente en cada respuesta.

aburrirse	enfermarse	ponerse + *adjetivo* (furioso/a, celoso/a, histérico/a, triste)
alegrarse	enfurecerse	volverse + *adjetivo* (loco/a)
enfadarse	enojarse	

Ejemplo: Si alguien fuma en la sección de no fumar.

   Me enfado.

1. Si un(a) compañero/a de clase copia mi examen y el profesor lo ve y nos riñe (*scolds*) a los dos.

 _____

2. Si me entero (*find out*) de que la persona que sale conmigo sale con otra persona y no me lo dice.

 _____

3. Si mi mejor amigo/a me dice que va a casarse muy pronto.

 _____

4. Si mi equipo favorito gana la liga (*league*).

 _____

5. Si me como una copa gigante de helado.

 _____

6. Si tomo una clase de cálculo avanzado.

 _____

ACTIVIDAD 4   **Tus gustos**   Escribe una frase que exprese tus preferencias con cada uno de los siguientes verbos del tipo de **gustar.**

Ejemplo: gustar   →*Me gusta mucho el fútbol.*

O: El fútbol no me gusta para nada.

gustar_____

encantar:_____

molestar: _____

hacer falta:_____

tocar: _____

Práctica auditiva

Pronunciación y ortografía

Las sílabas

Spanish has a very strong syllabic structure, making it easy to separate words into syllables if you follow a few simple rules. Many of these rules may be familiar to you.

1. All syllables must consist of at least one vowel. A vowel is always the core of a syllable.

    te   a   y   por   pa-ra   ca-mi-no   re-cal-ci-tran-te

2. Two successive weak vowels (**i** and **u**), or a combination of a strong vowel (**a, e,** or **o**) and a weak vowel, are generally pronounced as a single syllable in Spanish. This is called a diphthong.

    Luis   pia-no   quios-co   a-gua

3. When dividing syllables, a consonant is almost always attached to the vowel that follows it. This includes consonant combinations with l and r, such as **pr-, tr-, pl-,** and so forth.

    na-da   tra-ba-jo   plá-ti-ca   o-bra

4. Certain consonants that cannot precede the vowel that follows must be syllabically grouped with the vowel that comes before it. These include **s**, **m**, and **n** in front of another consonant, and **c** in front of another **c**.

plás-ti-co   pen-sar   cam-biar   trans-por-te   ac-ción

To decide which consonants can be grouped with the vowels that follow it, ask yourself if those consonants could begin a word in Spanish. For example, **sta-** or **mbo-** could not be syllables in Spanish because there are no Spanish words that start with these consonant combinations. Therefore, **basta** would be divided into **bas-ta** (not **ba-sta**) and mambo into **mam-bo** (not **ma-mbo**).

ACTIVIDAD 1   **Escucha y repite**   Escucha y repite las siguientes palabras. Nota la diferencia entre las vocales simples y los diptongos. Vas a escuchar cada palabra dos veces.

1. lar	6. doy	11. sois	16. fiel
2. vais	7. tai	12. fe	17. cou
3. vas	8. Tuy	13. pi	18. lió
4. ley	9. ni	14. cu	19. muy
5. pie	10. cruel	15. Cué	20. pez

* ACTIVIDAD 2   **Separar sílabas**   Divide las palabras que vas a escuchar en sus sílabas correspondientes. Vas a escuchar cada palabra dos veces.

Ejemplo: escuchas: *cambio*

escribes: *cam-bio*

1. zapatos   _____

2. estructura   _____

3. triciclo   _____

4. tranquilidad   _____

5. publicidad   _____

6. bueno   _____

7. curiosos   _____

8. prestarnos   _____

9. translúcida   _____

10. sonámbulo   _____

* ACTIVIDAD 3   Dictado   Escribe las palabras que vas a escuchar, separando cada una en sus sílabas. Vas a escuchar cada palabra dos veces.

Ejemplo: escuchas: *estimar*

          escribes: *es-ti-mar*

1. _____   6. _____

2. _____   7. _____

3. _____   8. _____

4. _____   9. _____

5. _____   10. _____

* Cultura   Eugenio María de Hostos, el educador de América

Escucha el texto y completa la actividad que sigue.
Vas a escuchar el texto dos veces.

Vocabulario útil

el periodismo   *journalism*

destacarse   *to stand out*

garantizar   *to guarantee*

Eugenio María de Hostos

* ¿Entendiste?   Completa las oraciones según las ideas del texto.

1. Eugenio María de Hostos nació en _____ (país) en _____ (año).

2. Estudió en _____ (país).

3. Viajó por _____ (continente) para buscar apoyo para la liberación política de _____ y _____ (países).

4. Hostos fue periodista mientras vivió en _____ .

5. También fue _____ (profesión).

6. Como intelectual, estaba muy preocupado por la _____ de las mujeres, lo cual era muy avanzado para el siglo XIX (*19th century*).

* Circunlocución: Cuando no conocemos la palabra exacta

Empareja cada una de las tres definiciones que vas a escuchar con el dibujo y palabra correspondientes. Vas a escuchar cada definición dos veces. Luego escribe tu propia definición de la última palabra.

Estas palabras tienen que ver con lugares que tú conoces bien, aunque es posible que tú los llames de otra forma. Las palabras que ves aquí se usan en España.

A. el servicio

B. el aula

C. la cancha

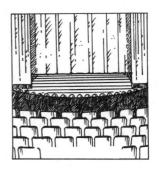

D. el escenario

1. _____   2. _____   3. _____

Tu definición:

_____

_____

Raíces

Práctica escrita

Palabras

☀ ACTIVIDAD 1 **Palabras opuestas** Escribe un antónimo para cada una de las siguientes palabras.

Ejemplo: hija: _madre_

1. suegros: _____

2. tíos: _____

3. madrastra: _____

4. padrino: _____

5. nietos: _____

6. estar unidos: _____

7. reírse: _____

8. nacer: _____

ACTIVIDAD 2   Asociaciones   ¿Qué palabra de la lista asocias con cada una de las siguientes personas y cosas?

bautizo	boda	brindis	entierro
pascua	primera comunión	quinceañera	

1. un bebé   _____

2. una chica adolescente   _____

3. una pareja de novios   _____

4. un niño de ocho años más o menos   _____

5. un cementerio   _____

6. la primavera   _____

7. el champán   _____

ACTIVIDAD 3   Mar y su familia   Indica la palabra apropiada para completar las siguientes oraciones.

1. Yo me llamo Mar, pero todos me llaman por mi (memoria / apodo): «Chica».

2. Yo (lloré / nací) en La Paz, Bolivia, pero mi familia (se mudó / brindó) a Los Ángeles en 1991.

3. Mis abuelos y mis (quinceañeras / tíos) todavía viven en Bolivia.

4. Ellos nos (felicitan / mandan) fotos y cartas con muchas (anécdotas / pascuas) sobre mis primos pequeños.

5. Yo soy hija única, pero mis padres quieren (enviar / adoptar) a un niño para que yo tenga un hermano.

6. Yo tengo muy buenos (memorias / recuerdos) de mi país y sé que allá también está mi (hogar / fecha).

7. Yo hablo español todos los días con mis padres porque no quiero perder mi (felicitación / herencia) cultural.

8. Mis padres me (crecen / quieren) mucho y me muestran su (parecido / cariño) con abrazos y besos.

9. Mi prima favorita (se ríe / se casa) el 30 de mayo. Tengo que hacer un (aniversario / brindis) en la boda, y para mí va a ser difícil hacerlo sin (llorar / heredar).

10. Mi madre y yo (nos parecemos / enviamos) mucho. Tenemos la misma nariz y los mismos ojos.

11. Mis padres y yo no siempre (felicitamos / nos llevamos bien), pero lo importante es que estamos muy (unidos / distanciados).

Estructuras

7. El pretérito de indicativo

* Actividad 1   **Verbos irregulares en el pretérito**   Completa el siguiente cuadro de verbos en el pretérito.

	yo	tú	él/ella/Ud.	nosotros	vosotros	ellos/ellas/Uds.
querer						
dar						
		estuve				
ser						
		fui				
			pudo			
traer						
						vinieron
tener						
caber					cupisteis	

* ACTIVIDAD 2   Isabel   Vuelve a contar en el pasado la siguiente historia cambiando los verbos del presente histórico al pretérito.

Ejemplo: Isabel Martínez Rivera ingresa en la universidad en 1982.

   Isabel Martínez Rivera ingresó en la universidad en 1982.

1. Isabel Martínez Rivera y José Torres Rodríguez se conocen en la universidad.

   _____

2. Ella termina sus estudios de medicina.

   _____

3. Él se gradúa de ingeniero.

   _____

4. José le propone matrimonio a Isabel en una reunión familiar.

   _____

5. Tienen una gran celebración para la boda.

   _____

6. Adquieren una casa.

   _____

7. Nace su primer hijo, Emilio José, en 1986.

   _____

8. Celebran el bautismo de su hijo seis meses después.

   _____

Recuerda   ¿Cuáles son los apellidos de Emilio José? (Si no lo sabes, lee en tu libro de texto, página 71, la sección **Cultura** sobre los apellidos hispanos).

Emilio José _____   _____

* **ACTIVIDAD 3** **El día de la boda** Escribe una oración combinando los elementos y conjugando el verbo en el pretérito.

Ejemplo: los invitados / llegar temprano

Los invitados llegaron temprano.

1. los novios / intercambiar los anillos _____

2. la novia / ponerse nerviosa _____

3. la ceremonia / ser muy corta _____

4. el fotógrafo / tomar muchas fotos _____

5. la madrina / leer un poema _____

6. yo / felicitar a los novios _____

7. el novio y la novia / besarse _____

8. tú / disfrutar la fiesta _____

9. los familiares / sentirse muy felices _____

10. los camareros / servir champán en la fiesta _____

8. El imperfecto de indicativo

* **ACTIVIDAD 1** **Verbos en el imperfecto** Completa el siguiente cuadro de verbos en el imperfecto.

	yo	tú	él/ella/Ud.	nosotros	vosotros	ellos/ellas/Uds.
ir	iba					
hacer		hacías				
jugar			jugaba			
ser				éramos		
ver					veíais	
correr						corrían
hablar		hablabas				
decir			decía			
poder				podíamos		

* **ACTIVIDAD 2** **Costumbres de familia** Completa el siguiente párrafo con la forma apropiada del imperfecto de los verbos que están entre paréntesis.

En mi niñez, las mujeres de mi familia _____[1] (reunirse) en la cocina de la abuela para contar historias. A las tres de la tarde, Tata, que _____[2] (ser) el apodo de la abuela, _____[3] (preparar) café para todas sus hijas. Mis primas y yo _____[4] (escuchar) con atención cuando las tías _____[5] (hablar) de su vida en Puerto Rico. Nosotras no _____[6] (conocer) bien la isla porque nacimos en Nueva York. Ellas siempre nos _____[7] (decir) que nosotras _____[8] (deber) mantener buenas relaciones con nuestros familiares de la isla.

* **ACTIVIDAD 3** **Los hermanos opuestos** Completa las oraciones conjugando en el imperfecto el verbo de la lista que mejor haga contraste con la primera parte de cada oración.

Ejemplo: Yo jugaba mientras mi hermano _descansaba._

    correr   criar   dormir   gritar   preferir

1. Yo caminaba mientras mi hermano _____.

2. Yo hablaba en voz baja mientras mi hermano _____.

3. Yo disfrutaba del campo mientras mi hermano _____ la ciudad.

4. Yo me levantaba temprano mientras mi hermano _____ hasta muy tarde.

5. Yo cultivaba flores mientras mi hermano _____ animales.

9. Cómo se combinan el pretérito y el imperfecto

* **ACTIVIDAD 1** **Mi nuevo hogar** Elige la opción correcta —pretérito o imperfecto— para completar cada oración.

Cuando yo (tuve / tenía)[1] 23 años, (decidí / decidía)[2] venir a los Estados Unidos. Cuando llegué a los Estados Unidos por primera vez (fueron / eran)[3] las 11 de la mañana y (llovió / llovía)[4] mucho en ese momento.

Aunque en los Estados Unidos no (vivió / vivía)[5] ningún pariente mío, pronto

(conocí / conocía)[6] a muchas personas. Por varios meses todos mis nuevos amigos me (ayudaron / ayudaban)[7] a buscar un apartamento para vivir. Mi nuevo hogar (estuvo / estaba)[8] en una calle muy bonita, donde (hubo / había)[9] muchos árboles. La calle se (llamó / llamaba)[10] Acacia Boulevard.

[*] **ACTIVIDAD 2** **El bisabuelo** Completa el siguiente párrafo con la forma correcta del pretérito o el imperfecto del verbo que está entre paréntesis.

Mi bisabuelo Ismael _____[1] (nacer) en el año 1910 y _____[2] (crecer) en Galicia. _____[3] (ser) un hombre serio y responsable.

_____[4] (empezar) a trabajar muy joven en la agricultura. Cuando

_____[5] (casarse) con mi bisabuela, él _____[6] (tener) 18 años. De

1936 a 1939 _____[7] (luchar) en la Guerra Civil con los republicanos. Por eso,

cuando _____[8] (llegar) la dictadura de Franco, mi familia _____[9]

(emigrar) a México. En 1945, mis bisabuelos _____[10] (decidir) cruzar la

frontera y mi bisabuelo _____[11] (conseguir) trabajo en Nueva Jersey.

Ellos _____[12] (vivir) en un apartamento pequeño donde _____[13]

(criarse) los hermanos de mi abuelo. Mi abuelo, que también se llama Ismael, nació en

México; sus hermanos nacieron en los Estados Unidos. Mi bisabuelo _____[14]

(morir) en 1965 y nunca _____[15] (poder) volver a España. Pero ese mismo

año, mi abuelo _____[16] (llevar) a mi bisabuela a España. En Galicia, las familias

de mis bisabuelos _____[17] (tener) una misa de funeral por mi bisabuelo y

también le _____[18] (presentar) mi abuelo a una prima segunda, Rosa. Mi

abuelo _____[19] (enamorarse) de ella a primera vista y dos meses más tarde

_____[20] (volver) a Nueva Jersey con dos mujeres: su madre y su esposa, las

dos del mismo pueblo gallego.

* ACTIVIDAD 3   ¿Imperfecto o pretérito?   Completa las siguientes oraciones conjugando el verbo que está entre paréntesis en el pretérito o el imperfecto, según el caso.

Ejemplo: Nosotros _____ (conocer) anoche a la familia Ruiz.

Nosotros _conocimos_ anoche a la familia Ruiz.

1. El profesor _____ (conocer) la leyenda antes de leer el artículo.

2. Me sentía incómoda en la fiesta porque no _____ (conocer) a los demás invitados.

3. _____ (querer) hablar contigo, pero no _____ (poder) llamarte ayer.

4. Él ya _____ (saber) la noticia por el periódico, pero _____ (saber) por sus padres los detalles más delicados.

5. Ana no _____ (querer) llamarlo porque tenía miedo de su reacción, por eso no habló con él ayer.

* AUTOPRUEBA   Un momento inolvidable   Completa el siguiente párrafo con la forma correcta de los verbos entre paréntesis en el pretérito o en el imperfecto.

Ayer _____[1] (casarse) Marisa y Yairo. _____[2] (ser) una boda muy especial. Ellos _____[3] (preferir) celebrar la ceremonia al aire libre, lo cual fue una buena decisión porque el lugar _____[4] (ser) un jardín con árboles altos y flores de muchos colores. El día _____[5] (estar) soleado, pero no _____[6] (hacer) calor. _____[7] (haber) más de cien invitados. Lo más entrañable (_the most tender moment_) del evento _____[8] (tener) que ver con los bisabuelos de Marisa, que _____[9] (poder) asistir a la ceremonia y también a la fiesta por un rato. Los bisabuelos están muy mayores y casi nunca salen ya. Marisa _____[10] (emocionarse) cuando su bisabuelo _____[11] (insistir) en bailar un bolero con ella. Todos los invitados al banquete _____[12] (romper) en un aplauso.

¡No te equivoques! *Historia, cuento* y *cuenta*

historia	story (of a book or a movie, or something that happened)	El libro narra la **historia** de una pareja que tiene que separarse durante la revolución.
		Me contó una **historia** increíble que ocurrió ayer en Madrid.
	history	Todos los chicos deben estudiar la **historia** de su país.
cuento	tale	Cuando era pequeña me encantaban los **cuentos** de hadas (*fairy tales*).
	short story	Borges escribió unos **cuentos** maravillosos.
cuenta	conjugated form of verb **contar**	El libro **cuenta** la historia de un artista enfermo.
		¡**Cuénta**melo todo!
	bill (noun)	Camarero, la **cuenta**, por favor.
	mathematical operation (noun)	María ya sabe hacer **cuentas** de restar y multiplicar.

* **PRÁCTICA** Completa las siguientes oraciones con la forma plural o singular de **historia, cuento** o **cuenta.**

1. En las películas prefiero las _____ que terminan mal.

2. Este sábado varios artistas van a leer un _____ para los niños en la biblioteca municipal.

3. La _____ la escriben los vencedores.

4. Hice bien todas las _____ en el examen de matemáticas.

5. Estoy leyendo un libro de _____ que se llama *Final del juego*, del escritor argentino Julio Cortázar.

6. Esta _____ está mal. El total no puede ser tanto dinero.

MÁS personal

ACTIVIDAD 1   **Tu familia**   Responde con oraciones completas a las siguientes preguntas sobre tu familia.

1. ¿Tienes una familia grande o pequeña?

   _____

2. ¿Cómo se llaman tus abuelos paternos?

   _____

3. ¿Dónde viven tus tíos y tías?

   _____

4. ¿Tienes cuñados y cuñadas? ¿Con quiénes están casados?

   _____

5. ¿Quiénes en tu familia se llevan mal? ¿Por qué?

   _____

ACTIVIDAD 2   **Mi foto favorita**   Selecciona una foto de tu álbum personal donde aparezcan varios miembros de tu familia. Luego describe quiénes son, dónde están y qué están haciendo o celebrando.

Ejemplo: *Éste es mi hermano Antonio con Timoteo, el ahijado de su esposa. Están en una fiesta celebrando el cumpleaños de Manuela, la hermana de mi cuñada, que cumple 40 años. Están vestidos como en los años 60 porque ése era el tema de la fiesta. En la pared hay algunos dibujos que hicieron mis sobrinos como regalo para su tía Manuela.*

Mi foto favorita: _____

_____

_____

_____

_____

ACTIVIDAD 3   **Recuerdos de la infancia**   ¿Cuál es la primera celebración de tu cumpleaños que recuerdas bien? Trata de incluir todos los detalles que recuerdes, incluyendo el lugar donde se celebró. Puedes usar los verbos de la lista.

celebrar   crecer   cumplir   invitar   regalar

soplar las velas (*to blow out the candles*)   traer   venir

_____

_____

_____

_____

_____

_____

Práctica auditiva

Pronunciación y ortografía

Oral Stress Patterns and Words without Accent Marks

In this chapter, you are going to learn the two most common patterns of word stress in Spanish. In order to understand the general stress patterns, remember that Spanish has strict rules of syllabication (which you studied in capítulo **2**). When identifying the stressed syllable, you should begin at the end of the word and work backwards.

Stress patterns   **Aguda** refers to words that are pronounced with the stress on the last syllable. Generally, these words end in a consonant other than **n** or **s**. **Llana** refers to words that are pronounced with the stress on the penultimate, or second-to-last, syllable. Most commonly, these are words that end in a vowel, **n,** or **s.**

Stressed syllable	Type of word
com**e**r (stress on last syllable)	aguda
c**o**me (stress on second-to-last syllable)	llana

The accent mark is used only for words that are exceptions to these pronunciation rules; you will practice these rules in capítulo **4.**

¿Agudas o llanas? Lee y escucha las siguientes palabras, indicando cuáles son llanas y cuáles son agudas. Vas a escuchar cada palabra dos veces.

Ejemplo: lees: habla

escuchas: *(Ha - bla)*

escribes: _llana_

1. amor _____

2. salud _____

3. practico _____

4. practicar _____

5. americanos _____

6. gente _____

7. locomotriz _____

8. singular _____

9. leche _____

10. quieren _____

11. queremos _____

12. quiso _____

* **ACTIVIDAD 2** **Escucha y escribe** Escribe las siguientes palabras que vas a escuchar. Después, haz un círculo alrededor de la sílaba acentuada (*stressed*) en cada una e indica si la palabra es **llana** o **aguda.** Vas a escuchar cada palabra dos veces.

Ejemplo: escuchas: *imprimir*

escribes: _imprimir_   llana   (aguda)

1. _____ llana aguda

2. _____ llana aguda

3. _____ llana aguda

4. _____ llana aguda

5. _____ llana aguda

6. _____ llana aguda

7. _____ llana aguda

8. _____ llana aguda

9. _____ llana aguda

10. _____ llana aguda

* ACTIVIDAD 3   **Solo con tus oídos**   Escucha las siguientes palabras e indica si son **agudas** o **llanas.** Vas a escuchar cada palabra dos veces.

Ejemplo: escuchas: *arroz*

escribes: *aguda*

1. _____   5. _____   9. _____

2. _____   6. _____   10. _____

3. _____   7. _____   11. _____

4. _____   8. _____   12. _____

***** Cultura   Los compadres

Escucha el texto y completa la actividad que sigue. Vas a escuchar el texto dos veces.

Un bautizo con los padrinos

Vocabulario útil

parentesco	*relationship*
lazos	*ties*
fomentar	*to encourage (something) to grow*

¿Entendiste? Completa el resumen del texto que acabas de oír con la información necesaria.

La tradición de los padrinos y _____[1] es muy antigua en el mundo hispano. Los padrinos, los ahijados y los padres establecen una relación muy especial después del _____.[2] En _____[3] esta relación es muy cercana.

Aunque el origen de esta _____[4] es religioso, existen otras razones para fomentar esta relación. La dimensión social de la relación entre _____[5] permite la organización de sistemas sociales y políticos a través de lazos de _____.[6]

* Circunlocución: Cuando no conocemos la palabra exacta

Empareja cada una de las tres definiciones que vas a escuchar con el dibujo y palabra correspondientes. Vas a escuchar cada definición dos veces. Luego escribe tu propia definición de la última palabra.

Todos los objetos de esta sección los puedes encontrar en el hogar.

A. el cojín **B. el marco** **C. la maceta** **D. el perchero**

1. _____ 2. _____ 3. _____

Tu definición:

_____

_____

Con el sudor de tu frente...

4

Práctica escrita

Palabras

ACTIVIDAD 1   **Oficios y profesiones**

Paso 1   Escribe el oficio que asocias con los siguientes dibujos.

1.  _____

2.  _____

3.  _____

4.  _____

5.  _____

6.  _____

7.  _____

8.  _____

Paso 2 ¿Qué profesión u oficio tienen las personas que hacen los siguientes trabajos?

1. Vende los productos de la compañía que representa. _____

2. Trabaja en cuestiones legales. _____

3. Enseña en un colegio. _____

4. Maneja aviones. _____

5. Atiende a los pasajeros de un avión durante el vuelo. _____

6. Ayuda a los inmigrantes o niños en situaciones familiares difíciles. _____

7. Trabaja en un lugar de donde se sacan libros prestados. _____

8. Construye puentes, carreteras o aparatos, según su especialidad. _____

9. Diseña planos para edificios. _____

10. Diseña y trabaja con programas de computadoras. _____

*ACTIVIDAD 2 Definiciones del mundo del trabajo

Indica la palabra o frase que corresponde a cada definición.

1. Una carta en la que alguien habla de los méritos profesionales de otra persona es (una carta de interés / una carta de recomendación).

2. La educación que una persona recibe o las prácticas que hace para prepararse para un oficio o profesión es (el conocimiento / la formación).

3. Un documento en el que escribimos en orden cronológico nuestra experiencia laboral y nuestra educación es (la solicitud / el currículum vitae).

4. Una sección del periódico destinada a las personas que buscan trabajo o quieren comprar algo es (el curso de perfeccionamiento / los anuncios clasificados).

5. El documento que determina tu sueldo y tus beneficios es (el contrato / el ascenso).

6. El acto de decirle a un empleado que no puede trabajar más en una empresa es (una huelga / un despido).

7. Una persona que es co-propietaria de un negocio es (un sindicato / un socio).

8. El nombre escrito a mano de una persona al final de un documento es (la firma / la meta).

ACTIVIDAD 3   **Palabras diferentes**   Señala la palabra que no pertenece al grupo.

1. ascender   meta   aumentar
2. licencia por maternidad   seguro de vida   mercado
3. desempleo   sindicato   despido
4. socio   firma   contrato
5. manifestación   huelga   horario
6. puesto   éxito   fracaso
7. gerente   empleador   empresa
8. práctica laboral   jubilarse   período de aprendizaje

Estructuras

10. El se accidental

ACTIVIDAD 1   **Un mal día en la casa de los López**   Completa las oraciones usando la construcción de **se accidental** con uno de los verbos de la lista en el pretérito.

Ejemplo: A los López *se les acabó* el jugo de naranja.

acabar   caer   olvidar   quedar   quemar

A la madre ____ ____ _____[1] poner el reloj despertador la noche anterior.

A su hija ____ ____ _____[2] los huevos del desayuno. A los niños ____ ____

_____[3] la leche en la ropa. Al esposo ____ ____ _____[4] las gafas en la oficina.

No pudieron manejar el carro porque ____ ____ _____[5] la gasolina.

ACTIVIDAD 2   **¿Qué pasó?**   Completa las oraciones usando la construcción de **se accidental** con uno de los verbos de la lista en el pretérito. Incluye el objeto indirecto si **es** posible.

Ejemplo: El niño lloró mucho porque *se le rompió* el juguete.

acabar   perder   quemar   romper   terminar

1. La oficina está cerrada porque _____ las llaves al portero.

2. Los empleados regresaron a trabajar porque _____ el tiempo para almorzar.

3. No puedo leer nada porque _____ las gafas.

4. No firmamos los contratos porque _____ en el fuego.

5. Rolando no pudo imprimir el informe porque _____ la tinta a la impresora.

* **ACTIVIDAD 3**   **Un día desastroso**   Completa la descripción de cada situación usando la construcción de **se accidental.**

Ejemplo: La secretaria no pudo terminar de hacer las fotocopias porque *se le acabó* (acabar) el papel.

1. Yo no puedo leer los documentos en mi mesa porque _____ (romper) las gafas.

2. Los documentos en la mesa del Sr. Quintano están sucios porque _____ (caer) una taza de café.

3. Los trabajadores del servicio de catering se tropezaron (*bumped into each other*) y _____ (caer) los platos.

4. Tú no puedes leer tu correo electrónico porque _____ (olvidar) la contraseña (*password*) nueva.

5. Tino y Selma, del Departamento de Recursos Humanos, no pueden llamar al nuevo empleado porque _____ (perder) el contrato.

11. El presente perfecto de indicativo

* ACTIVIDAD 1   Formas del participio pasado   Escribe el participio pasado de los siguientes verbos.

Ejemplo: abrir _abierto_

1. cubrir _____

2. decir _____

3. proponer _____

4. romper _____

5. volver _____

6. hacer _____

7. ir _____

8. morir _____

9. resolver _____

10. ver _____

11. responder _____

12. ser _____

* ACTIVIDAD 2   Situaciones en el empleo   Completa las oraciones con la forma correcta del presente perfecto de uno de los verbos de la lista.

| autorizar | cambiar | cubrir | firmar |
| mandar | pedir | poder | recibir |

1. Los empleados _____ un aumento de sueldo.

2. El jefe no _____ la licencia por enfermedad.

3. ¿Tú _____ el nuevo contrato?

4. El horario _____ para los empleados nuevos.

5. Muchos miembros del sindicato no _____ asistir a las últimas reuniones.

6. Nosotros le _____ una carta al gerente de la empresa.

7. Todo el mundo _____ el nuevo convenio (_contract_) colectivo.

8. El plan de salud me _____ los gastos dentales.

* ACTIVIDAD 3   Un buen empleado   Completa el párrafo con la forma correcta del presente perfecto de uno de los verbos de la lista.

decidir   escribir   hacer   llegar   tener   trabajar   ver

Durante el período en que (yo) _____[1] en esta compañía, _____[2] la oportunidad de conocer a Omar Rodríguez. El Sr. Rodríguez nunca _____[3] tarde a la oficina y siempre _____[4] su trabajo de manera eficiente. Los compañeros y yo _____[5] en él a una persona muy especial. El jefe ya _____[6] que Omar Rodríguez debe recibir el reconocimiento de «Empleado del año». Todos nosotros _____[7] nuestras ideas para el mensaje que vamos a leer en la próxima reunión.

12. El pluscuamperfecto de indicativo

* ACTIVIDAD 1   El nuevo siglo (century)   Completa las siguientes ideas sobre lo que ya había ocurrido cuando comenzó este siglo.

Ejemplo: Para el año 2000, el hombre ya _había estado_ (estar) en la Luna.

1. Muchos oficios artesanales _____ (desaparecer) en las ciudades.

2. La tecnología _____ (hacer) la comunicación mucho más rápida.

3. Los Estados Unidos _____ (ver) a su población de origen hispano llegar a 40 millones.

4. Todos (nosotros) _____ (descubrir) las ventajas del Internet.

5. Los teléfonos celulares _____ (convertirse) en algo muy normal.

* ACTIVIDAD 2   ¿Pretérito o pluscuamperfecto?   Elige la forma más apropiada para cada una de las oraciones.

1. José (estudió / había estudiado) la historia de los sindicatos en 1988, por eso cuando llegó a la Universidad de Wisconsin en 1999, ya (leyó / había leído) muchos libros sobre el tema.

2. María ya (completó / había completado) los cursos introductorios cuando la (aceptaron / habían aceptado) en el programa de estudios avanzados de química.

3. Elidio (solicitó / había solicitado) el puesto después de hacer una intensa búsqueda en el Internet sobre la empresa.

4. A Liz le (dieron / habían dado) el empleo después de la entrevista.

5. Para el momento en que la carta (llegó / había llegado) ya (recibí / había recibido) la respuesta por correo electrónico.

6. En Latinoamérica, la tasa (*rate*) de empleo informal (creció / había crecido) 3,9 por ciento de 1990 a 1998.

7. Los beneficios laborales (mejoraron / habían mejorado) más en España que en Latinoamérica en los últimos diez años.

8. El contrato no (ofreció / había ofrecido) protección en el área de trabajo como (pidieron / habían pedido) los trabajadores.

9. Cuando (hablé / había hablado) con Roberto, todavía no (empezó / había empezado) a trabajar en la empresa de su familia.

[*] **ACTIVIDAD 3** **El nuevo reto de Pablo** Completa el párrafo con la forma correcta del pretérito o del pluscuamperfecto de los verbos que están entre paréntesis.

Cuando Pablo _____[1] (recibir) la carta de oferta de empleo, ya

_____[2] (renunciar) a la empresa de su tía. Su tía _____[3]

(sorprenderse) porque jamás _____[4] (pensar) que Pablo quisiera dejar

la compañía. Pablo le _____[5] (decir) que él _____[6] (tener)

una experiencia muy positiva en su empresa. Le _____[7] (agradecer) la

oportunidad que le _____[8] (dar) para desarrollarse en su carrera. Pero le

_____[9] (explicar) que ya _____[10] (tomar) la decisión de

enfrentar un nuevo reto profesional.

* AUTOPRUEBA **¿Pretérito, presente perfecto o pluscuamperfecto?** Completa el párrafo con la forma correcta del pretérito, el presente perfecto o el pluscuamperfecto de los verbos que están entre paréntesis.

En su libro *Memorias de Bernardo Vega: contribución a la historia de la comunidad puertorriqueña en Nueva York*, Bernardo Vega _____[1] (dejar) un testimonio para la historia. Vega _____[2] (dedicarse) al oficio de tabaquero durante toda su vida. _____[3] (nacer) en 1885 en Cayey, un pueblo en el interior de Puerto Rico. A principios del siglo XIX, _____[4] (emigrar) a los Estados Unidos, en donde _____[5] (destacarse) como líder en el barrio latino de Nueva York. Cuando Vega _____[6] (llegar) a Nueva York ya _____[7] (experimentar) las difíciles condiciones de trabajo de los tabaqueros en Puerto Rico. En Nueva York, _____[8] (combinar) su trabajo en diferentes talleres de tabaco, con su activa participación en sindicatos y partidos políticos de izquierda. Vega _____[9] (luchar) durante años por los derechos de los trabajadores en Nueva York antes de ocupar importantes puestos en la política de Puerto Rico. Durante toda su vida, Vega _____[10] (desarrollar) una intensa actividad intelectual y _____[11] (participar) escribiendo interesantes artículos en periódicos relevantes de su época. Cuando su libro _____[12] (aparecer) en 1977, Vega ya _____[13] (morir). En ese momento ya era evidente que el trabajo de Vega _____[14] (contribuir) a formar la memoria y la herencia cultural de los puertorriqueños neoyorquinos.

¡No te equivoques! Maneras de expresar *because (of)*

porque	*because* (used to link two parts of a sentence, responding to the question **¿por qué?**)	Renuncié al puesto anterior **porque** el horario y los beneficios eran terribles.
como	*since, because* (generally used at the beginning of a sentence)	**Como** no me gustaba lo que hacía, empecé a hacer cursillos de capacitación en otra área.
a causa de	*because of* (generally used at the beginning of a sentence and followed by a noun or infinitive verb)	**A causa de** la promoción me han subido el sueldo. **A causa de** entregar la tarea tarde, recibí una mala calificación.

* PRÁCTICA   Completa la narración de las viñetas incorporando **porque, como** o **a causa de,** según sea necesario.

Mario no escuchó su despertador cuando sonó _____¹ estaba profundamente

dormido. _____² se levantó una hora tarde, llegó tarde al trabajo otra vez.

_____³ esta nueva tardanza (*tardiness*), su jefa lo despidió.

MÁS personal

ACTIVIDAD 1   **Tu trabajo ideal**   Describe tu trabajo ideal, incluyendo el sueldo, el horario y los beneficios que tendrías. Además, explica qué título académico y preparación son necesarios para conseguir ese trabajo. Usa todo el vocabulario que puedas de la sección **Palabras.**

_____

_____

_____

_____

ACTIVIDAD 2 **¡Uy!** Escribe acerca de tres accidentes que te hayan ocurrido recientemente. Cuéntalos con un poco de detalle, explicando una consecuencia de cada uno.

Ejemplo: _La semana pasada se me perdió la identificación de la universidad y tuve que pagar 25 dólares para obtener una nueva._

1. _____

_____

2. _____

_____

3. _____

_____

ACTIVIDAD 3 **Tu pasado laboral** Contesta las siguientes preguntas personales.

1. ¿Has tenido un trabajo en la universidad alguna vez? ¿Qué hacías?

_____

_____

2. ¿Has escrito un currículum ya? ¿Por qué sí o por qué no?

_____

_____

3. ¿Qué trabajos habías tenido antes de empezar tus estudios en la universidad?

_____

_____

Fernando Pérez Márquez

Domicilio particular: Zaragoza 30
    Sevilla 41001
    Tel 954-335249

Domicilio profesional: Colegio San Sebastián
    Avda. Marqués de Contadero 30
    Sevilla 41004
    Tel 954-212752   Fax 954-212732
    E-mail Fernando-Perez@copt.es

Fecha de nacimiento: 26 de diciembre de 1974

OBJETIVO PROFESIONAL
    Profesor de informática

FORMACIÓN ACADÉMICA

1997–99	Universidad Complutense de Madrid, Maestría en Ciencias de la Educación
1992–97	Universidad de Sevilla, Especialización: Informática
1987–92	Instituto Murillo, Título de Bachillerato

EXPERIENCIA PROFESIONAL

2000–2004	Colegio San Sebastián, Profesor de Tecnología
1997–99	Alfombras Diana S.A., Programador

HABILIDADES

    Habilidades lingüísticas: español nativo y dominio hablado y escrito del inglés

    Habilidades informáticas: Macromedia Director, Adobe y todos los programas más comunes, tanto para PC como para Apple

PREMIOS Y RECONOCIMIENTOS ACADÉMICOS O PROFESIONALES

1995	Beca de Méritos, Universidad de Sevilla
1991	Premio Nacional de Jóvenes Investigadores, Segundo puesto

RECOMENDACIONES

    A solicitar.

2. Una **carta de interés** acompaña normalmente al currículum vitae. En ella expresamos nuestro deseo de ser considerados como candidatos para un puesto y por qué. Como todas las cartas, la de interés tiene diferentes partes:

a. **encabezamiento**   nombre y dirección de la persona que escribe la carta

b. **fecha**   Recuerda que en español se pone primero el día y después el mes.

c. **destinatario**   nombre y dirección de la persona a la que va dirigida la carta

d. **saludo**   En la sección **Redacción** del **Capítulo 1** de este *Cuaderno de práctica* hay algunos ejemplos de saludos para cartas.

e. **cuerpo**   Incluye una introducción que explique por qué escribes la carta, un desarrollo para exponer los detalles de tu experiencia profesional y académica y una conclusión que exprese agradecimiento y/o deseo de comunicación en el futuro.

f. **despedida o cierre**   En la sección **Redacción** del Capítulo **1** de este *Cuaderno de práctica* hay algunos ejemplos de despedidas para cartas.

g. **firma**

A continuación tienes un ejemplo de una carta de interés en español.

Fernando Pérez Márquez
Colegio San Sebastián
Avda. Marqués de Contadero 30
Sevilla 41004
Tel 954-212732
Fernando-Perez@copt.es

Sevilla, 26 de septiembre de 2008

Sr. Manuel Carretero Jiménez, Director de Personal
Instituto de Orientación Profesional
Alfonso X 58
Sevilla 41006

Estimado Sr. Carretero:

El motivo de esta carta es expresarle mi interés en el puesto de Profesor de Informática, anunciado en el diario *Sevilla al día* el pasado 20 de septiembre de 2008.

Como queda indicado en mi currículum vitae, tengo cuatro años de experiencia educativa. He ejercido (*worked*) como profesor de tecnología en el prestigioso colegio de educación secundaria San Sebastián de Sevilla. Aunque la experiencia en este colegio es muy positiva para mi formación como educador, considero que el trabajar en el Instituto de Orientación Profesional sería una gran oportunidad para aplicar mis conocimientos sobre programación en un ambiente más enfocado en el área profesional.

Adjunto (*I am attaching*) a esta carta una copia de mi currículum vitae. Espero tener la oportunidad de poder hablar con usted en persona de mis cualificaciones para este puesto. Quedo en espera de su pronta respuesta.

Le saluda atentamente,

Fernando Pérez Márquez

---

3. **Un consejo final**   Cuando termines la carta y el currículum, asegúrate de que lo que destacas de ti en la carta esté reflejado claramente en el currículum.

No te olvides de consultar en tu libro la sección **Redacción** sobre ideas generales acerca de cómo redactar y editar tu texto.

Práctica auditiva

Pronunciación y ortografía

Palabras con acento escrito

As you know from **Capítulo 3**, the vast majority of Spanish words do not have a written accent mark. The accent mark is reserved for words whose stress does not follow the two most common patterns: either **llanas**, meaning they end in **-n**, **-s**, or a vowel, and have their natural stress on the penultimate syllable; or **agudas**, meaning they end in a letter other than **-n**, **-s**, or a vowel, and have their natural stress on the last syllable. Therefore, accent marks are written in words that deviate from these two basic patterns.

There are also a few special cases for writing accent marks, which you may already know and will see in the chart below.

Remember that Spanish has clear rules of syllabication and that for the purpose of marking the stress, we always count from the last syllable pronounced.

When to Write an Accent Mark		
Type of word	**Write the accent . . .**	**Examples**
aguda (stress on last syllable)	when the last letter is **-n**, **-s**, or a vowel.	pasé caí inglés
llana (stress on second-to-last syllable)	when the last letter is not **-n**, **-s**, or a vowel.	árbol dólar lápiz
esdrújula (stress on third-to-last syllable or before)	always.	teléfono matrícula América
interrogativas (**cómo, cuándo, dónde, qué, quién**)	always.	¿Quién es? Ella sabe por qué lo hice.
algunas monosílabas	when there is another word with same spelling, in order to differentiate their meaning.	té (*tea*) vs. te (*you*) mí (*me*) vs. mi (*my*) tú (*you*) vs. tu (*your*)
hiatos (words containing these vowel combinations: **ía/ío/íe, aí/eí/oí, úo/úa/úe, aú/eú/oú, úi**)	when the word contains a **hiato**, the opposite of a **diptongo**, which occurs when the weak vowel (**i** or **u**) is stressed and forms a separate syllable.*	tía/tío/ríe caí/leí/oí búho/púa/continúes aúna/reúna baúl

*See Appendix II of your textbook for more information on stress and accent marks.

* ACTIVIDAD 1   **¿Acento escrito o no?**   Vas a escuchar una serie de palabras. Después de escuchar cada una, subraya la vocal acentuada (*stressed*) y decide si la palabra lleva acento escrito o no. Vas a escuchar cada palabra dos veces.

Ejemplo: Escuchas: *llana*

Subrayas la primera **a:**   ll<u>a</u>na

Escribes: ll<u>a</u>na *no lleva acento*

1. amor _____
2. llamo _____
3. llamo _____
4. practico _____
5. practico _____
6. practique _____
7. lapiz _____

8. piensalo _____
9. quise _____
10. guise _____
11. murcielago _____
12. arido _____
13. agua _____
14. rey _____

* ACTIVIDAD 2   **¿Diptongo o hiato?**   Vas a escuchar y leer una serie de palabras que tienen hiato o diptongo. Vas a escuchar cada palabra dos veces. Decide el caso de cada palabra, diptongo o hiato, y marca si es necesario el acento escrito. Para ayudarte, la vocal que lleva la carga de acento está subrayada. **¡OJO!** Algunos diptongos también pueden llevar acento escrito debido a la posición de la sílaba.

Ejemplos: di<u>u</u>rno → ✓ diptongo ___ hiato   con / (sin) acento

cu<u>i</u>date → ✓ diptongo ___ hiato   (con) / sin acento

le<u>i</u> → ___ diptongo ✓ hiato   (con) / sin acento

1. r<u>i</u>o   con / sin acento   _____ diptongo _____ hiato
2. d<u>i</u>o   con / sin acento   _____ diptongo _____ hiato
3. farm<u>a</u>cia   con / sin acento   _____ diptongo _____ hiato
4. polic<u>i</u>a   con / sin acento   _____ diptongo _____ hiato
5. p<u>u</u>erco   con / sin acento   _____ diptongo _____ hiato
6. ti<u>e</u>rra   con / sin acento   _____ diptongo _____ hiato

7. ataud   con / sin acento   _____ diptongo _____ hiato

8. viuda   con / sin acento   _____ diptongo _____ hiato

9. buitre   con / sin acento   _____ diptongo _____ hiato

10. acentuo   con / sin acento   _____ diptongo _____ hiato

11. acentuo   con / sin acento   _____ diptongo _____ hiato

12. causa   con / sin acento   _____ diptongo _____ hiato

13. quieto   con / sin acento   _____ diptongo _____ hiato

14. pleito   con / sin acento   _____ diptongo _____ hiato

15. maiz   con / sin acento   _____ diptongo _____ hiato

16. ruido   con / sin acento   _____ diptongo _____ hiato

17. oido   con / sin acento   _____ diptongo _____ hiato

18. heroico   con / sin acento   _____ diptongo _____ hiato

19. leccion   con / sin acento   _____ diptongo _____ hiato

20. lecciones   con / sin acento   _____ diptongo _____ hiato

* **ACTIVIDAD 3**   **Dictado**   Escribe la palabra que vas a escuchar, poniéndole el acento cuando sea necesario. Vas a escuchar cada palabra dos veces.

Ejemplo: Escuchas: *acción*

          Escribes: *acción*   *aguda*

Palabra	Tipo de palabra
1. _____	_____
2. _____	_____
3. _____	_____
4. _____	_____
5. _____	_____
6. _____	_____

	Palabra	Tipo de palabra
7.	_____	_____
8.	_____	_____
9.	_____	_____
10.	_____	_____
11.	_____	_____
12.	_____	_____
13.	_____	_____
14.	_____	_____
15.	_____	_____
16.	_____	_____
17.	_____	_____
18.	_____	_____

⊡ **ACTIVIDAD 4** **Oraciones completas** Escribe las palabras que faltan en cada oración que vas a escuchar. Pon atención al acento. Vas a escuchar cada oración dos veces.

1. ¿Prefieres _____ o _____?

2. _____ voy a llamar.

3. Toma el _____.

4. _____ no _____ hacer la tarea.

5. _____ libro es _____.

6. Es una _____ de mucha _____.

7. Las _____ son importantes para _____.

8. El _____ es un animal _____.

9. ¡Es _____ que seas tan _____!

*Cultura   De vuelta a casa

Escucha el texto y contesta las preguntas que siguen. Vas a escuchar el texto dos veces.

Inmigrantes enfrente de las oficinas del Centro de Inmigrantes, en Melilla, España

Vocabulario útil

extranjero	*foreigner*
el crisol	*melting pot*
el índice de natalidad	*birth rate*
el porcentaje	*percentage*
vertiginoso	*very fast*

¿Entendiste?   Completa el resumen del texto que acabas de oír con la información necesaria. Escribe los números con letras.

En 1996, España sólo tenía _____¹ millones de habitantes. Para el 2011, la población había subido a _____² millones, de los cuales _____³ millones y medio eran extranjeros; es decir, el _____⁴ % de la población.

España necesita inmigrantes porque su población tiene un bajo índice de

_____[5] y una larga esperanza de _____.[6] Los inmigrantes vienen

mayoritariamente de Latinoamérica, _____[7] y Europa del _____.[8]

Ocupan trabajos en la _____,[9] la construcción y también en el área de

_____.[10] Es una pena que debido a la crisis económica, algunos emigrantes

deban regresar a su país de _____.[11]

☀ Circunlocución: Cuando no conocemos la palabra exacta

Empareja cada una de las tres definiciones que vas a escuchar con el dibujo y palabra correspondientes. Vas a escuchar cada definición dos veces. Luego escribe tu propia definición de la última palabra.

Estas palabras tienen que ver con la cirugía, la parte de la medicina relacionada con las operaciones.

A. el bisturí   **B. la aguja**   **C. la cirujana**   **D. el hilo**

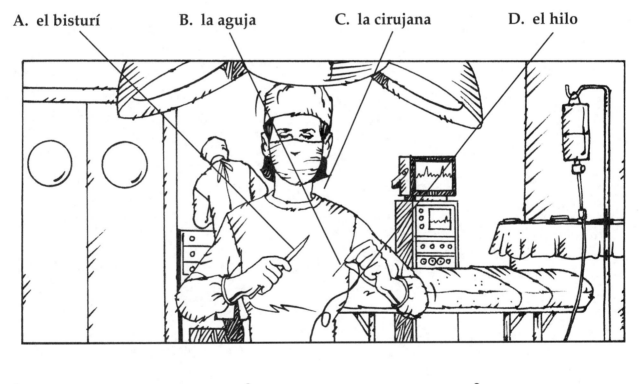

1. _____   2. _____   3. _____

Tu definición:

_____

_____

El mundo al alcance de un clic

5

Práctica escrita

Palabras

* **ACTIVIDAD 1**   **Los medios de comunicación**   Selecciona la palabra que *menos* se asocia con los siguientes medios de comunicación.

1. Televisión

   a. canal   b. noticia   c. artículo

2. Periódico

   a. aparato   b. prensa   c. reportaje

3. Radio

   a. locutora   b. revista   c. emisora

* **ACTIVIDAD 2**   **Cada oveja con su pareja**   Empareja una palabra de la columna A con una palabra de la columna B.

	A		B
_____	1. ventaja	a.	página web
_____	2. sigla	b.	comunicación personal
_____	3. soledad	c.	almacenar
_____	4. cara a cara	d.	letra
_____	5. archivar	e.	beneficio
_____	6. red	f.	aislamiento
_____	7. pantalla	g.	pulsar
_____	8. tecla	h.	ver

* **ACTIVIDAD 3**   **Viva la tecnología**   Completa los siguientes párrafos con las palabras de la lista. Conjuga los verbos cuando sea necesario.

> búsqueda   funcionar   Internet   página web   programa

La semana pasada hice una _____[1] de información sobre cómo crear una

_____,[2] pero no tuve éxito. Afortunadamente, ayer mi amigo Juan me

recomendó un buen _____[3] para hacerlo y es fácil usarlo. Después de pasar

horas en la computadora construyendo mi propia página, entiendo mucho mejor cómo

_____[4] el _____.[5]

> cara a cara   chatear   correos electrónicos   impresora
>
> imprimir   mandar   teléfono móvil

Ahora que vivo en el extranjero, es muy importante para mí _____[6] con mis

amigos. A veces también los llamo, ya que (*since*) mis padres por fin me compraron un

_____.[7] Además, con el dinero que he ahorrado me he comprado una nueva

_____[8] a color. Ahora puedo _____[9] los _____[10] con

fotos que mis amigos de San Salvador me _____[11] a menudo. Aunque no

puedo hablar con mis amigos _____,[12] gracias a la tecnología, no me siento

solo.

Estructuras

13. El presente de subjuntivo: Introducción y contexto de influencia

* **ACTIVIDAD 1   Verbos en el presente de subjuntivo**   Completa el siguiente cuadro de verbos en el presente de subjuntivo.

	yo	tú	él/ella/Ud.	nosotros	vosotros	ellos/ellas/Uds.
amar						
			beba			
		abras				
ir						
				sepamos		
	sea					
						vengan
poner						
	diga				digáis	

* **ACTIVIDAD 2   ¿Se siente seguro/a?**   Escoge la forma verbal más apropiada, de acuerdo con el sentido de la oración.

En tiempos recientes, los consumidores (se sientan / se sienten)[1] más cómodos haciendo sus compras por el Internet. Sin embargo, hay un factor que a mucha gente le (cree / crea)[2] inseguridad: (dar / dé)[3] información personal a una computadora. Muchas veces las páginas web le (pidan / piden)[4] al cliente su dirección, teléfono y número de tarjeta de crédito. Aunque las compañías (intentan / intenten)[5] que el sistema (sea / es)[6] seguro, muchos clientes no (piensen / piensan)[7] que (sea / es)[8] así. Las estadísticas (muestren / muestran)[9] que los clientes (quieran / quieren)[10] más seguridad. Los crímenes cibernéticos (permitan / permiten)[11] que otra persona (haga / hace)[12] transacciones con cualquier compañía si (tenga / tiene)[13] el número de tarjeta de crédito. Estas situaciones (requieran / requieren)[14] que la Red (proteja / protege)[15] la privacidad de los clientes. Yo (crea / creo)[16] que la Red (tenga / tiene)[17] muchas ventajas, pero no estoy seguro de que (pueda / puede)[18] cumplir totalmente con el derecho a la privacidad de los clientes.

[*] ACTIVIDAD 3   Opiniones sobre el Internet   Completa las oraciones con la forma correcta del verbo que está entre paréntesis en el presente de indicativo o de subjuntivo, o dejándolo en el infinitivo, según el contexto.

1. El artículo dice que los consumidores _____ (comprar) más por el Internet.

2. Esperamos que la publicidad _____ (costar) menos a través de la Red.

3. Es evidente que el uso de las computadoras en Latinoamérica no _____ (ser) tan alto como en los Estados Unidos.

4. Yo creo que las agencias de publicidad _____ (deber) usar más la Red para anunciarse (advertise).

5. Los clientes desean _____ (recibir) mejor servicio a través de la Red.

6. Mi hermano me sugiere que _____ (hacer) las reservas de vuelos por avión por el Internet.

7. Yo no creo que mi madre _____ (ir) a comprar su casa por la Red.

8. Un programa del Internet hace posible que yo _____ (saber) el número de visitantes que hacen clic en mi página personal.

9. Sabemos que el Internet _____ (comunicar) a millones de personas de todo el mundo.

10. Muchos padres prohíben que sus hijos _____ (utilizar) la Red sin supervisión.

14. Los mandatos formales e informales

* ACTIVIDAD 1 **Mandatos** Completa el siguiente cuadro de verbos en el imperativo.

	tú	Ud.	nosotros
tocar	toca no toques		
conocer		conozca no conozca	
divertirse			divirtámonos no nos divirtamos
decir			
hacer			
tener			
ser			
irse			
ponerse			
llegar			

* ACTIVIDAD 2 **Consejos para evitar el robo de identidad** Completa las siguientes oraciones con un mandato **formal.**

Ejemplo: No ____*preste*____ (prestar) atención a todos los anuncios.

1. No _____ (dar) información de su banco a otras compañías.

2. _____ (Investigar) la historia de la compañía que contrata.

3. _____ (Mantener) la tarjeta del seguro social en un lugar seguro.

4. No _____ (usar) la fecha de nacimiento en el número secreto de la tarjeta de crédito.

* ACTIVIDAD 3   **Mensajes instantáneos**   Completa el siguiente anuncio con mandatos informales. Cuando haya un verbo reflexivo, no olvides cambiar el pronombre reflexivo a la forma apropiada para la segunda persona singular (tú).

Si quieres estar en contacto con tus amigos _____[1] (comunicarse) con ellos a través de nuestro sistema de mensajes instantáneos. No _____[2] (gastar) dinero en llamadas telefónicas, mejor _____[3] (subscribirse) a nuestro servicio de mensajes. ¡No lo _____[4] (pensar) más y _____[5] (conectarse) a nuestra página hoy mismo!

* AUTOPRUEBA   **Un problema con la computadora**   Completa el siguiente diálogo con la forma correcta del presente de indicativo o subjuntivo, el imperativo informal o el infinitivo de los verbos entre paréntesis. **¡OJO!** Con los mandatos, presta atención al orden de los pronombres con respecto al verbo y los acentos escritos.

ROCÍO: La computadora no funciona. Es urgente que yo la _____[1] (arreglar) porque tengo mucho trabajo.

MIGUEL: _____[2] (dejarme) ver qué puedo _____[3] (hacer).

ROCÍO: Pienso que _____[4] (haber) un problema con el circuito eléctrico.

MIGUEL: _____[5] (encenderla) de nuevo.

ROCÍO: Nada. Todavía no funciona.

MIGUEL: Creo que _____[6] (deber: nosotros) leer el manual de la computadora. _____[7] (buscarlo).

ROCÍO: El mío se me perdió, así que voy a pedirle a mi vecina Rosaura que me _____[8] (prestar) el suyo.

MIGUEL: _____[9] (decirle) que se lo _____[10] (tú: ir) a devolver rápido.

Rocío sale y regresa sin el manual de la computadora.

ROCÍO: No necesitamos _____[11] (consultar) el manual.

MIGUEL: ¿Por qué?

ROCÍO: Rosaura me dijo que la compañía de electricidad anunció una reparación de emergencia. Ella nos aconseja que _____[12] (estar: nosotros) más atentos a las noticias.

¡No te equivoques!   Cómo se expresa *to think**

pensar que	*to believe/think that*	**Pienso que** todo el mundo tiene alguna inseguridad con su imagen.
pensar en	*to think about someone or something*	—¿**En** qué están **pensando?** —Estoy **pensando en** mi hija, que ahora mismo está viajando a Chile. —Yo estoy **pensando en** que tengo tanto trabajo que no sé cómo voy a terminarlo.
pensar de/ sobre	*to have an opinion (about something/someone); to think something (of something/ someone)*	—¿Qué **piensas del** uso de la tecnología entre los niños? —Lo que **pienso de** ese tema es que los padres deben limitar el tiempo que los niños pasan usando la computadora, por ejemplo.

*Sinónimos de **pensar:**

- **planear**

  En enero pienso/planeo hacer un viaje al sur de Chile.

  In January, I am planning to take (thinking about taking) a trip to the south of Chile.

- **creer**

  Pienso/Creo que esto no está bien.

  I think/believe that this is not right.

* **PRÁCTICA**   Escribe la palabra apropiada para completar los siguientes diálogos. Si no se necesita ninguna, escribe **Ø.**

1. —¿Qué piensa Mar _____ la situación?

   —No sé, no he hablado con ella todavía. Pienso _____ llamarla esta noche.

2. —Estamos pensando _____ nuestras vacaciones en julio. ¿Adónde nos recomienda hacer un viaje?

   —Yo pienso _____ Alaska es un lugar maravilloso en ese mes.

3. —¿Piensas que es necesario hablar con el jefe?

   —Creo _____ no. Pienso _____ es mejor esperar.

4. —¿Sabes _____ qué estaba pensando? _____ que hace mucho tiempo que no vemos a Sonia.

   —¡Qué casualidad! Yo estaba pensando _____ ella justo esta mañana.

MÁS personal

ACTIVIDAD 1   **La tecnología como medio de relacionarse**   Este anuncio, tomado de un periódico español, ofrece una sección para jóvenes que desean ponerse en contacto con personas a quienes conocen de vista (*by sight*), pero no personalmente. Estudia el anuncio y luego contesta las siguientes preguntas.

Te vi el viernes en el metro. Llevabas un traje gris, corbata de seda y un maletín de cuero fino. Quiero que me presentes a tu sastre...

¿Perdiste tu oportunidad? No sufras más. www.conexiones.es

1. ¿Te parece una buena idea? ¿La usarías?

   _____

   _____

   _____

2. ¿Hay medios tecnológicos que permitan establecer este tipo de relaciones personales?

   _____

   _____

   _____

3. ¿Qué tipos de tecnología usas o has usado alguna vez en tus relaciones personales? ¿Estás contento/a con lo que logras o has logrado por medio de esas tecnologías?

   _____

   _____

   _____

ACTIVIDAD 2   **La tecnología**   Completa las siguientes oraciones con tus ideas sobre la tecnología.

1. Yo pienso que _____.

2. Le(s) sugiero a mi(s) _____ que _____.

3. No creo que _____.

4. Las computadoras permiten (que) _____.

5. En mi opinión, es muy importante (que) _____.

ACTIVIDAD 3   **En tu opinión**   Haz recomendaciones en respuesta a las siguientes preguntas usando un mandato formal y los pronombres de objeto para evitar repeticiones innecesarias.

Ejemplo: —¿Debo dar información de mi banco a otras compañías?

—*No, no se la dé a ninguna compañía.*

1. —¿Es necesario memorizar el número de la cuenta de banco?

   —_____

2. —¿Puedo aceptar ofertas por teléfono si son de compañías conocidas?

   —_____

3. —¿Tengo que mostrar en los cheques el número de la licencia de conducir?

   —_____

4. —¿Debo decirle la contraseña a alguien?

   —_____

ACTIVIDAD 4   **Tus mandatos**   Escribe un mandato que te gustaría usar con cada una de las siguientes personas.

1. Tus padres: _____

2. Tu profesor(a) de _____: _____

3. Tu hermano/a: _____

4. Tu mejor amigo/a: _____

Práctica auditiva

Pronunciación y ortografía

Las letras c, qu *y* k: *el sonido* /k/

In this chapter, you are going to practice the letters that transcribe the sound /k/ in Spanish.

c + a/o/u   When **c** is followed by the vowels **a, o,** or **u,** it makes the /k/ sound, as in the English word *cat*. (When **c** is followed by **e** or **i,** it is pronounced differently, as /s/ in Latin America and as /th/ in most of Spain. You will study this rule in **Capítulo 10** of this *Cuaderno de práctica*.)

qu + e/i   The letter **q** is always followed by **u** in Spanish (as in English). The combination **qu** is never followed by **a, o,** or another **u.**

k + a/e/i/o/u   The letter **k** is used only in certain words borrowed from other languages. Some examples are **kilómetro, kiosco, kurdo** (*Kurdish*), **kantiano** (*Kantian*), and **keniano** (*Kenyan*).

Remember   When conjugating a verb with the infinitive ending **-car,** the letter **c** is changed to **qu** when the verb ends in **-e,** in order to retain the /k/ sound of the infinitive.

practicar ⟶ practique Ud. / yo practiqué   aplicar ⟶ aplique Ud./ yo apliqué

Pronunciation   The sound /k/ in Spanish is produced very similar to the one in English, except that in Spanish it does not have any little burst of air at the end, known as *aspiration*. You can feel this if you put an open hand in front of your mouth when saying the English word *cocoon,* for example.

ACTIVIDAD 1   Pronunciación   Repite dos veces cada palabra después de escucharla. Vas a escuchar cada palabra dos veces.

1. ...   2. ...   3. ...   4. ...   5. ...   6. ...   7. ...   8. ...   9. ...   10. ...   11. ...

* ACTIVIDAD 2   Dictado   Escribe las palabras que vas a escuchar. Vas a escuchar cada palabra dos veces.

1. _____
2. _____
3. _____
4. _____
5. _____
6. _____
7. _____
8. _____
9. _____
10. _____
11. _____
12. _____
13. _____
14. _____

*️⃣ Cultura   La tecnología, la ciudad y el poeta

Escucha el texto y completa la actividad que sigue. Vas a escuchar el texto dos veces.

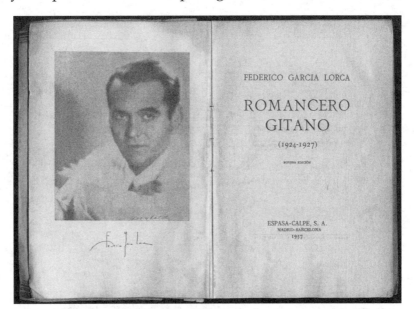

El famoso Romancero gitano *de Federico García Lorca tiene un estilo distinto a sus poemas sobre Nueva York.*

Vocabulario útil

soledad	*loneliness*
deshumanizante	*dehumanizing*
fusilado	*executed*

¿Entendiste?   Completa el resumen del texto que acabas de oír con la información necesaria.

Federico García Lorca visitó Nueva York en 1929 y quedó muy _____[1] con los

adelantos _____[2] de la ciudad. Pero en sus poemas Lorca expresó también el

horror de la civilización _____.[3]

En su libro *Poeta en Nueva York,* la visión opresiva y deshumanizante de la ciudad lleva

al poeta a escribir sobre los rascacielos, los vagones de tren, la vida en Harlem y la

_____[4] de las calles.

Los libros de Lorca fueron muy famosos en la España de su tiempo a pesar de que

cuando los escribió no existían medios de _____[5] avanzados.

* Circunlocución: Cuando no conocemos la palabra exacta

Empareja cada una de las tres definiciones que vas a escuchar con el dibujo y palabra correspondientes. Vas a escuchar cada definición dos veces. Luego escribe tu propia definición de la última palabra.

　　　Las palabras de esta sección están relacionadas con los automóviles.

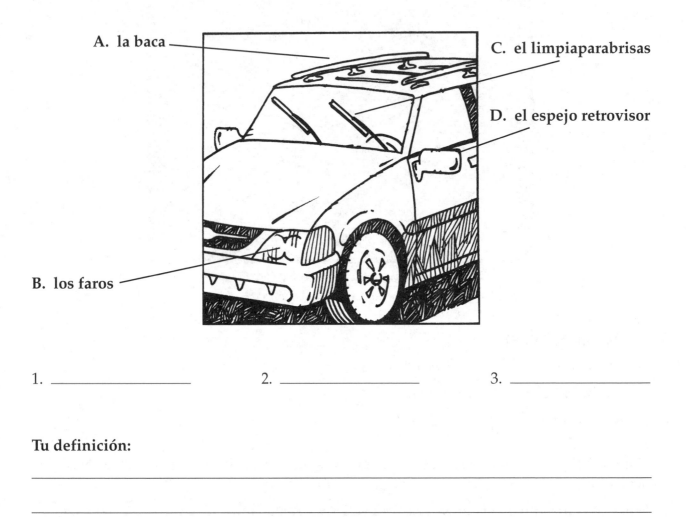

A. la baca

C. el limpiaparabrisas

D. el espejo retrovisor

B. los faros

1. _____　　　2. _____　　　3. _____

Tu definición:

_____

_____

La buena vida

Práctica escrita

Palabras

⁎ ACTIVIDAD 1 **La palabra diferente** Señala la palabra que no pertenece al grupo.

Ejemplo: el vaso (el plato) la taza

1. la sal   la pimienta   la vela
2. la cuchara   la copa   el cuchillo
3. la feria   la playa   la piscina
4. la copa   la servilleta   el cuenco
5. probar   oler a   saber a
6. el entretenimiento   el pasatiempo   el bienestar

* ACTIVIDAD 2   **Anuncios incompletos**   Los siguientes anuncios describen varios lugares en la ciudad y las diversiones que ofrecen. Completa las oraciones con palabras de la lista.

chistes	entretenimiento	feria	ocio
pasarlo bien	paseo	trasnochar	

1. Divertilandia: el mayor centro de _____ de la ciudad.

2. El Centro del Hogar: todo lo necesario para hacer más agradables las horas de _____ en su hogar.

3. Karaoke Central: para _____ con sus amigos que quieran cantar.

4. Comedia Central: sólo para la gente que adora los buenos _____.

5. Venga a la _____ de San Sebastián: diversiones para toda la familia.

6. Coches de caballos La Estrella: para dar un _____ romántico por las calles de la ciudad.

7. Bar La Luna: sólo para la gente que puede _____.

* ACTIVIDAD 3   **Una tarde en familia**   Completa el siguiente párrafo con las palabras de la lista. Conjuga los verbos en el presente de indicativo.

barbacoa	charlar	chiste	crucigrama	cucharas
dominó	entretenerse	oler	pasar bien	paseo
pimienta				

La familia de Samuel está haciendo una _____[1] en el parque esta tarde. La verdad es que Samuel no lo _____,[2] y preferiría estar jugando al _____[3] con sus amigos en este momento. Su papá duerme la siesta y su mamá hace un _____.[4] Nadie _____[5] con el pobre Samuel. Él trajo todas las cosas para la cena, hasta (*even*) las _____,[6] aunque no las necesitan. Sólo se le olvidó traer la _____,[7] pero no es importante. Después de comer van a dar un _____[8] por el parque.

Por fin se ha despertado el papá y dice que la comida _____[9] muy bien. También le da las gracias a Samuel por ser tan amable con ellos. De pronto, la mamá les cuenta un _____[10] que oyó en la radio y todos se ríen.

Ahora Samuel se siente bien de pasar el día con sus padres, que no son jóvenes y _____[11] mucho con él.

Estructuras

15. El subjuntivo en cláusulas nominales: Expresiones de emoción y duda

* **ACTIVIDAD 1** **Emoción o duda** Escribe oraciones completas conjugando los verbos de la cláusula principal en el indicativo y los verbos de la cláusula nominal en el subjuntivo o en el infinitivo. Incorpora la conjunción **que** cuando sea necesario.

Ejemplo: ser mejor / tú cambiar los planes

Es mejor que cambies los planes.

1. ser sorprendente / él bailar salsa tan bien

   _____

2. ojalá / a Ud. gustar el chiste

   _____

3. ser extraño / tú ir al cine con su novia

   _____

4. nosotros tener ganas de / Uds. venir a la feria con nosotros

   _____

5. ser dudoso / ellos estar diciendo la verdad

   _____

6. no estar claro / ser la información adecuada

   _____

7. yo agradecer / ella tener comida para todos

   _____

8. nosotros alegrarse de / ellos viajar tres veces al año

   _____

9. mi hermana estar contenta de / yo poder visitar a mis padres con frecuencia

_____

10. uno asombrarse de / tanta gente venir al concierto

_____

* ACTIVIDAD 2 **Una columna sobre los viajeros vegetarianos** Completa el texto con la forma correcta de los verbos que están entre paréntesis en el presente de indicativo, en el subjuntivo o en el infinitivo, según el contexto.

Les agradezco a los lectores de esta sección que _____[1] (preguntar) sobre las opciones para los vegetarianos en Latinoamérica. No creo que la predilección por la comida vegetariana _____[2] (ser) un problema al momento de viajar a estos países. La mayoría de los hoteles _____[3] (servir) menús[a] para satisfacer esta demanda. Es extraño que no _____[4] (Uds.: encontrar) un hotel que ofrezca este servicio. Además, la dieta de la mayoría de los países latinoamericanos _____[5] (consistir) por lo general en granos, frutas y verduras.

Otra alternativa es _____[6] (visitar) los mercados al aire libre. Es mejor que _____[7] (Uds.: comprar) en mercados donde hay mucho público. Pero es necesario que _____[8] (Uds.: usar) agua embotellada para lavar las verduras y las frutas antes de comerlas. Espero que estos consejos los _____[9] (ayudar) a disfrutar más de sus vacaciones. Ojalá que todo _____[10] (ir) bien en su viaje.

[a]*meals; set menus*

16. El **se** *impersonal*

* ACTIVIDAD **1**   **Empleos para pasarlo bien**   Cambia la estructura de las siguientes ideas basadas en el anuncio, de manera que incorpores la construcción del **se** impersonal.

Ejemplo: Southwest Airlines busca empleados.

      <u>*Se buscan*</u> empleados.

1. La línea aérea necesita gente simpática y trabajadora.

     _____ gente simpática y trabajadora.

2. Con esta línea aérea pueden hacer carrera.

     _____ hacer carrera.

3. Los empleados trabajan en equipo.

_____ en equipo.

4. Los empleados de la compañía les dan buen servicio a los pasajeros.

_____ buen servicio a los pasajeros.

5. Southwest ofrece excelentes beneficios médicos.

_____ excelentes beneficios médicos.

6. Los empleados viajan gratis.

_____ gratis.

7. Puedes hacer el currículum por el Internet.

_____ el currículum por el Internet.

8. La persona que lo desee puede obtener más información a través de la página web.

_____ obtener más información a través de la página web.

* ACTIVIDAD 2   **Etiqueta en la mesa**   Completa las instrucciones sobre la etiqueta en la mesa.

Ejemplo: *Se ponen* (poner) las manos en la mesa.

1. _____ (poner) la servilleta sobre las piernas.

2. No _____ (comenzar) a comer hasta que comiencen los anfitriones (*hosts*).

3. _____ (cortar) el pan con la mano, nunca con el cuchillo.

4. _____ (colocar) los cubiertos (*silverware*) a ambos lados del plato.

5. _____ (mantener) los codos (*elbows*) fuera de la mesa.

6. _____ (comer) con la boca cerrada.

* AUTOPRUEBA   **Calidad de vida a pesar del nivel de vida**   Completa el texto con la forma apropiada del presente de subjuntivo, el indicativo o el infinitivo de los verbos que están entre paréntesis.

No hay duda de que nuestra rutina diaria _____[1] (depender) de inventos y productos que hacen nuestra vida cómoda y fácil. Es sorprendente que _____[2] (haber) hoy tantas cosas que apenas existían hace cien años sin las cuales no podemos imaginar la vida: la luz eléctrica, la televisión, el refrigerador, la computadora y otras cosas semejantes.

La calidad de vida se _____³ (poder) definir como el nivel de bienestar y satisfacción de una persona. Pero se _____⁴ (demostrar) en diversos estudios que la calidad de vida _____⁵ (tener) un carácter muy subjetivo. Como las personas _____⁶ (sentir) necesidades diferentes, no está claro que _____⁷ (existir) una relación entre el nivel de satisfacción y las necesidades básicas. Cada vez más los bienes materiales y los recursos se _____⁸ (asociar) con la felicidad, pero está claro que esta interpretación del bienestar _____⁹ (estar) relacionada con los valores de la sociedad y la cultura. Quizá lo mejor sea evaluar la posibilidad de satisfacer nuestras necesidades con un mínimo de recursos. Es dudoso que los avances científicos _____¹⁰ (dejar) de influenciar nuestra vida, pero es bueno _____¹¹ (saber) que tenemos la capacidad de adaptarnos a cualquier momento difícil de la vida. Ojalá que _____¹² (nosotros: aprender) a vivir con menos. Después de todo, se _____¹³ (decir) que no es más feliz el que tiene más, sino el que necesita menos.

¡No te equivoques! *Por* y *para*

para	*for / in order to*	
	• time (deadline)	Es la tarea **para** el miércoles.
	• purpose	Estoy a dieta **para** perder 6 kilos.
	• location (destination)	Sale **para** Nueva York en el vuelo 814 de LAN Chile.
	• recipient	Es un regalo **para** tu prima.
	• comparison	**Para** Español 101 la tarea es muy difícil.
	• point of view	**Para** mí, esta costumbre es anticuada.
por	• *for, in exchange of*	Le di las gracias **por** su ayuda.
	• *for* (duration of time)	Hicieron ejercicio **por** dos horas.
	• *during* (general part of the day)	Era **por** la mañana.
	• *because of, due to*	El avión no salió **por** la tormenta.
		Eso te pasa **por** ser egoísta.
	• *around, about*	No sé exactamente dónde vive, pero la casa estaba **por** aquí.
	• *through*	Vamos a Chicago pasando **por** Nueva York.
	• *by means of*	Llamé **por** teléfono.
	• *by*	Esa novela fue escrita **por** una colombiana.

Expresiones comunes con **por** y **para:**

por		para	
por ahora	*for now*	para bien o para mal	*for better or for worse*
por casualidad	*by chance*	para colmo	*to top it all off*
por cierto	*by the way*	para empezar/terminar	*to begin with / to finish*
por ejemplo	*for example*		
por eso	*that's why*		
por fin	*at last*		
por lo general	*in general*		
por lo menos	*at least*		
por (lo) tanto	*therefore*		
por supuesto	*of course*		
por un lado / por otro lado	*on the one hand / on the other hand*		

* PRÁCTICA Completa los siguientes párrafos con **por** o **para.**

¡_____[1] fin llegaron los billetes de avión _____[2] las Islas Canarias!
Son _____[3] nuestros padres _____[4] ser unos padres tan buenos.
Mi hermana y yo sólo pagamos 400 euros _____[5] los billetes. Me parece que
_____[6] ser un viaje a las Canarias no son caros. _____[7] cierto,
compramos los billetes _____[8] el Internet.

La mayoría de los turistas llega a las Islas Canarias _____[9] avión. Una vez
en la capital, Las Palmas, algunos salen _____[10] la isla de Tenerife en barco.
Allí, se puede pasear _____[11] la bella ciudad de Puerto Rosario. Estoy seguro
de que _____[12] mis padres este va a ser un viaje memorable.

MÁS personal

ACTIVIDAD 1   ¡A pasarlo bien!   Las siguientes personas van a visitar tu ciudad este fin de semana. Aconséjales qué actividades pueden hacer para pasarlo bien.

Ejemplo: Teresa y María. No les gusta el ruido.

Les aconsejo que tomen café en un bar de la Gran Plaza y luego paseen por la Avenida.

1. Los Sres. Guzmán, 65 y 70 años. Les gustan los sitios tranquilos y el arte.

   _____

2. Encarnación y Victoria, ambas de 25 años. Son deportistas y les gusta la aventura.

   _____

3. Raúl y Carlos, 20 y 21 años. Les gustan la música rock y bailar.

   _____

4. Mar y Agustín, 29 y 31 años. Les gustan la buena comida y las actividades culturales. Son amantes del cine.

   _____

5. Diego y Alberto, 8 y 10 años. Les gustan las actividades al aire libre.

   _____

ACTIVIDAD 2   **Más deseos**   Expresa un deseo usando **ojalá** para cada una de las siguientes personas.

1. para tu mejor amigo/a

   _____

2. para tus padres

   _____

3. para un equipo deportivo de tu universidad

   _____

4. para ti mismo

   _____

ACTIVIDAD 3 **Ojalá** Lee las siguientes situaciones y escribe tres oraciones con **ojalá** expresando los deseos que tendrías en cada una de ellas.

Ejemplo: Es la noche antes de tu examen final, la biblioteca está llena de gente y alguien sacó (*checked out*) ya los libros que buscas.

Ojalá alguien devuelva pronto los libros.

Ojalá no repruebe el examen.

Ojalá encuentre aquí un lugar para sentarme y estudiar.

1. Tu madre te llama para decirte que todos tus familiares (abuelos, primos, tíos, etcétera) van a cenar en tu casa el Día de Acción de Gracias.

   _____

   _____

   _____

2. Llevas a tu mejor amigo/a al aeropuerto porque sale hoy para África en un safari de seis semanas.

   _____

   _____

   _____

3. Estás con tus amigos en un partido de fútbol. Quedan diez minutos en el partido y tu equipo va perdiendo por dos goles. Además, empieza a llover.

   _____

   _____

   _____

ACTIVIDAD 4   Recetas

* **Paso 1**   A continuación aparece una receta para preparar una piña colada. Lee las instrucciones y reescríbelas usando **se**.

Ejemplo: Beba la piña colada bien fría.

Se bebe bien fría.

Piña colada: un cóctel muy popular

Ingredientes:

2 onzas de jugo de piña

1 onza de crema de coco

1 onza de ron

hielo

Instrucciones:

1. Ponga todos los ingredientes en una batidora.

    _____

2. Añada hielo.

    _____

3. Mezcle todos los ingredientes.

    _____

4. Sirva en un vaso.

    _____

5. Adorne con rodajas de piña.

    _____

Paso 2 A continuación, escribe tu propia receta para preparar una bebida o una comida de tu gusto. Escribe las instrucciones usando **se.**

Nombre de la bebida o plato: _____

Ingredientes:

_____

_____

_____

_____

Instrucciones:

_____

_____

_____

_____

_____

Práctica auditiva

Pronunciación y ortografía

/g/:   g + a/o/u   gu + e/i

The letter **g** followed by an **a, o,** or **u,** creates two types of **g** sounds, the occlusive [g] or the fricative [g]. The Spanish occlusive [g] is similar to the English **g** (as in *goat*), but it only occurs when **g** is at the beginning of an utterance or after /n/. This sound is called an *occlusive*, or *stop*, because the flow of air is stopped when you begin the sound. When these letter combinations do not follow a pause or an **n,** the *fricative* [g] is produced. In this case, the mouth is ready to produce the occlusive sound [g], but without closing completely.

Remember When conjugating a verb with the infinitive ending **-gar,** change the letter **g-** to **gu-** when the verb form ends in **-e,** in order to retain the original /g/ sound of the infinitive.

cargar ⟶ cargue/cargué   pagar ⟶ pague/pagué

/x/:   g + e/i   or   j + a/e/i/o/u

When the letter **g** is followed by an **i** or **e,** or the letter **j** is followed by any vowel, this creates the sound /x/. This sound is close to the English /h/ (as in *house*), but stronger and produced further back in the throat. The difference between the Spanish /x/ sound and the English /h/ varies within the different regional dialects of Spanish. In some dialects it is quite similar to English, but in others, it is a much stronger sound.

Remember   When conjugating a verb with the infinitive ending **-ger** or **-gir,** change the letter **g-** to **j-** when the verb form ends in **-a** and **-o,** in order to retain the original /x/ sound of the infinitive.

elegir ⟶ elijo/elija   escoger ⟶ escojo/escoja

ACTIVIDAD 1   Escucha y repite

Paso 1   Escucha y repite los siguientes ejemplos de la **g** oclusiva, [g]. Vas a escuchar cada ejemplo dos veces.

1. gracias

2. un gato

3. guerra

4. guía

Paso 2   Escucha y repite los siguientes ejemplos de la **g** fricativa, [g̃]. Vas a escuchar cada ejemplo dos veces.

1. Santiago

2. No me gusta.

3. fotografía

4. el gato

Paso 3   Escucha y repite los siguientes ejemplos del sonido /x/. Vas a escuchar cada ejemplo dos veces.

1. gente

2. elegir

3. caja

4. jota

5. justo

* ACTIVIDAD 2   **Pronunciación**   Repite las palabras y frases que vas a escuchar e indica qué tipo de sonido de /g/ se da en cada caso: la oclusiva [g] o la fricativa [g̶]. En algunas frases hay más de un solo sonido. Vas a escuchar cada ejemplo dos veces.

Ejemplos: lagarto: [g] ([g̶])

Ganaron los lagartos: ([g])   [g]   [g]   ([g̶])

1. [g]   [g̶]

2. [g]   [g̶]

3. [g]   [g̶]

4. [g]   [g̶]

5. [g]   [g̶]

6. [g]   [g̶]

7. [g]   [g̶]

8. [g]   [g̶]   [g]   [g̶]

9. [g]   [g̶]   [g]   [g̶]

10. [g]   [g̶]   [g]   [g̶]

11. [g]   [g̶]   [g]   [g̶]

12. [g]   [g̶]   [g]   [g̶]

* ACTIVIDAD 3   **Dictado**   Completa las siguientes oraciones con las palabras que faltan. Vas a escuchar cada oración dos veces.

1. La niña juega con ＿＿＿＿＿＿ rotos.

2. No ＿＿＿＿＿＿ (*glue*) la foto en ese álbum.

3. No ＿＿＿＿＿＿ esa película, que es muy aburrida.

4. No quieren que ＿＿＿＿＿＿ ahora.

5. El ＿＿＿＿＿＿ es un juego muy entretenido.

6. María es ＿＿＿＿＿＿.

*⃞ Cultura   La rumba

Escucha el texto y completa la actividad que sigue. Vas a escuchar el texto dos veces.

Rumberos en Cayo Hueso, un barrio de La Habana, Cuba

Vocabulario útil

cajón	*drawer*
comerciante	*small business owner*
humilde	*of humble origins*
mueble	*furniture*
par de palitos	*pair of wooden sticks*

¿Entendiste?   Completa el resumen del texto que acabas de oír con la información necesaria.

El nombre *rumba* designa un baile, una _____[1] y una _____,[2] y es de

_____ (país).[3] Se originó entre la gente de clase _____.[4] y tiene

mucha influencia de las culturas _____,[5] especialmente carabalí, lucumí

y mandinga. Los primeros _____[6] tenían que tocar sin _____[7]

musicales, por eso usaban objetos de la casa para hacer música, como un _____[8]

vacío o una botella con una _____.[9] Ahora se usan tres _____[10] que

se llaman «tumbadoras».

* Circunlocución: Cuando no conocemos la palabra exacta

Empareja cada una de las tres definiciones que vas a escuchar con el dibujo y palabra correspondientes. Vas a escuchar cada definición dos veces. Luego escribe tu propia definición de la última palabra.

Estas palabras se refieren a cosas que puedes encontrar sobre una mesa.

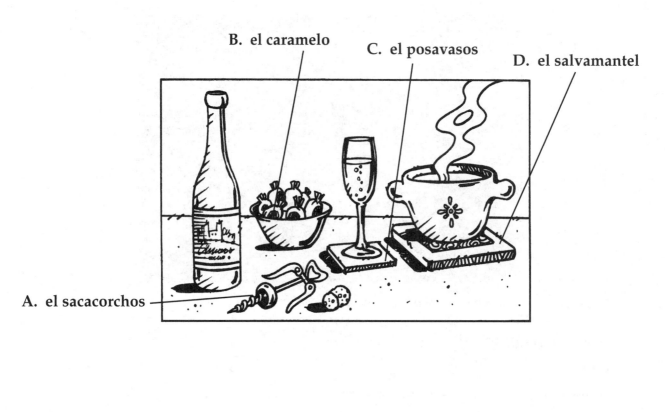

B. el caramelo

C. el posavasos

D. el salvamantel

A. el sacacorchos

1. _____ 2. _____ 3. _____

Tu definición:

_____

_____

Nos-otros

Práctica escrita

Palabras

* **ACTIVIDAD 1**   **¿Qué es?**   ¿Qué palabras representa cada uno de estos dibujos? Ya tienes la primera y la última letra de cada palabra.

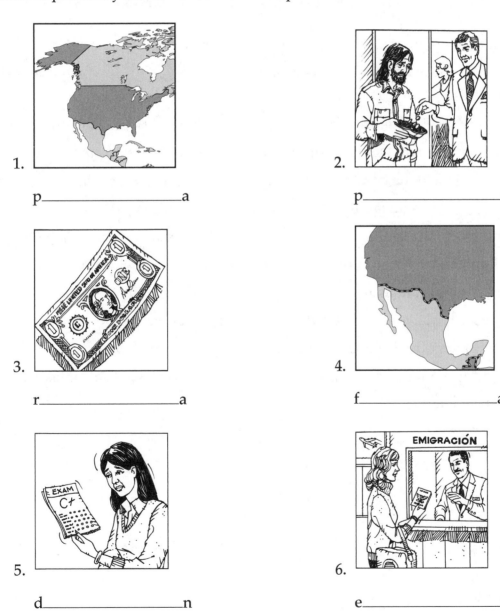

1. p_____a

2. p_____a

3. r_____a

4. f_____a

5. d_____n

6. e_____n

* ACTIVIDAD 2   **Las raíces de Pedro**   Completa los párrafos con las palabras de la lista y la forma correcta de los verbos cuando sea necesario.

bandera   bilingüe   ciudadanos   lengua materna

patria   raíces   símbolo

Pedro es _____[1]: habla español e inglés. Sus abuelos nacieron en El Salvador, pero dejaron su _____[2] en los años 50. En 1970 ellos se hicieron _____[3] de los Estados Unidos, pero siempre quisieron conservar su cultura, por eso les enseñaron tanto a sus hijos como a sus nietos a hablar su _____.[4] Los primeros colores que Pedro aprendió en español fueron el blanco y el azul, los colores de la _____[5] de El Salvador que es el _____[6] de las _____[7] de su familia.

acostumbrado   adaptarse   criarse   echar de menos   esperanza

ilusión   nivel de vida   nostalgia   superarse   zona residencial

Pedro _____[8] en Fresno, en una _____[9] cerca del río. Para Pedro, el primer año en la universidad lejos de su casa no está siendo fácil porque no está _____[10] a vivir solo. Le cuesta mucho _____[11] a su nuevo horario y además él _____[12] a su familia, su ciudad y su barrio. Ahora, él puede comprender por primera vez la _____[13] que sus abuelos sienten cuando piensan en El Salvador. También, ahora admira más los esfuerzos de sus abuelos por _____[14] y alcanzar un buen _____[15] para toda la familia. A ellos les hace mucha _____[16] que un día Pedro tenga los conocimientos suficientes para mejorar y ampliar el negocio de ellos. A Pedro le gusta la idea, por eso tiene la _____[17] de aprender a organizar mejor su tiempo y lograr que sus notas sean buenas en todas las materias.

ACTIVIDAD 3   **Asociaciones**   Empareja una palabra de la columna A con una palabra de la columna B.

A	B
_____ 1. ciudadanía	a. faltar
_____ 2. bilingüe	b. superarse
_____ 3. echar de menos	c. español e inglés
_____ 4. tarjeta de residencia	d. esperanza
_____ 5. avanzar	e. mexicana, estadounidense, española
_____ 6. ilusión	f. tener papeles

Estructuras

17. Palabras indefinidas, negativas y positivas

ACTIVIDAD 1   **Todo lo contrario**   Completa la segunda oración con palabras negativas para expresar la idea contraria de la primera oración.

Ejemplo: Tengo dinero.

     _No_ tengo dinero.

1. Citlali siempre llega a tiempo.

   Citlali _____ llega a tiempo.

2. Había mucha gente en la fiesta.

   _____ había _____ en la fiesta.

3. El emigrante tiene dinero y documentos.

   El emigrante _____ tiene dinero _____ documentos.

4. Todo el mundo me entiende y también me ayuda.

   _____ me entiende _____ me ayuda _____.

5. Eugenio quiere estudiar siempre.

   Eugenio _____ quiere estudiar _____.

ACTIVIDAD 2 **Palabras negativas** Llena los espacios en blanco con las palabras negativas que completen mejor el sentido de la oración.

1. El oficial de inmigración no está en su oficina. Por lo tanto, _____ hay _____ que atienda su caso.

2. Todo el mundo conoce el problema de la pobreza en nuestra comunidad. Eso _____ lo puede negar.

3. Las lluvias afectaron toda la zona residencial y ahora la gente que vive allí _____ tiene agua _____ electricidad.

4. Siempre debes llevar el pasaporte contigo. _____ lo dejes porque no aceptan _____ otro documento como identificación.

5. Tienes que mantener una actitud positiva. _____ permitas que te domine _____ la desesperanza _____ la desilusión en momentos difíciles.

18. El indicativo y el subjuntivo en cláusulas adjetivales

ACTIVIDAD 1 **Se buscan maestros bilingües** Lee el anuncio y completa las oraciones con la forma correcta del presente de subjuntivo o indicativo de los verbos que están entre paréntesis.

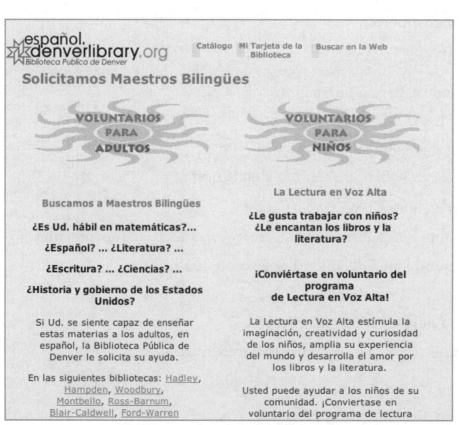

1. Este anuncio está dirigido a personas que _____ (desear) ser maestros bilingües.

2. La biblioteca de Denver _____ (buscar) personas que _____ (sentirse) capaces de enseñar varias materias en español.

3. La biblioteca _____ (necesitar) estudiantes y miembros de la comunidad que _____ (poder) dar clases a adultos.

4. Además, aceptan solicitudes de personas que _____ (querer) leer en voz alta y trabajar con los niños.

5. Los puestos son voluntarios, pues muchos de los maestros serán personas que ya _____ (enseñar) en otros lugares.

6. Creo que este anuncio se dirige a personas que _____ (tener) deseo de ayudar a la gente hispana y ser parte de la comunidad.

7. Lo bueno de este programa es que _____ (ayudar) a los niños de la comunidad que no _____ (disfrutar) el mismo acceso a los libros que los niños de nivel económico más alto.

* Actividad 2 **¿Indicativo o subjuntivo?** Escribe oraciones completas conjugando los verbos en la forma correcta del indicativo o presente de subjuntivo.

Ejemplo: yo / buscar una comunidad / ser diversa

Busco una comunidad que sea diversa.

1. ¿haber alguien / estar indocumentado?

_____

2. (él) / conocer a alguien / necesitar la tarjeta de residente

_____

3. no haber / nadie en el grupo / tener la residencia legal en este país

_____

4. haber varias personas / estar solicitando el pasaporte

_____

5. (yo) / no conocer a nadie / venir de otro país

_____

6. haber muchas personas / enviar dinero a su país de origen

_____

7. (nosotros) / buscar a alguien / saber el valor de ser bilingüe

_____

[*] AUTOPRUEBA   **El pasaporte**   Completa el siguiente párrafo con la forma correcta del presente de subjuntivo o indicativo de los verbos que están entre paréntesis, o con la palabra indefinida o negativa apropiada.

Es posible que _____[1] (ninguno / ningún) documento de identidad

_____[2] (ser) más importante que el pasaporte, que _____[3] (servir) de

prueba de ciudadanía además de identificación. Por eso, en los próximos años todas las

personas que _____[4] (llegar) a territorio estadounidense _____[5] (deber)

tener su pasaporte al día. Después del ataque terrorista del 11 de septiembre, la política

pública de los Estados Unidos _____[6] (no / nada / ningún) _____[7]

(permitir) la entrada de _____[8] (algún / ningún / nadie) que _____[9]

(nada /ni / no) _____[10] (tener) sus documentos en regla. De hecho, para mayor

seguridad, _____[11] (también / tampoco) ha cambiado el diseño del pasaporte. El

nuevo pasaporte _____[12] (incluir) un «chip» de seguridad que _____ [13]

(contener) una imagen digital de la cara de la persona. Con esta medida (_measure_),

el gobierno espera que _____[14] (no / ni / nada) se _____[15] (poder)

falsificar la foto _____[16] (no / ni / nada) se _____[17] (cometer) fraudes

_____[18] (tampoco / ningún / también).

¡No te equivoques!   *Actual* y *real*

actual	*current*	La situación **actual** de los indígenas quizá sea mejor que hace 50 años, pero aún no es buena.
en la actualidad	*now, nowadays*	**En la actualidad,** muchos pueblos indígenas están organizándose para luchar por sus tierras y sus derechos.
real	*real*	El problema **real** está en la necesidad de representación de los pueblos.
	royal	El mensajero **real** buscaba a la mujer que había bailado con el príncipe la noche anterior.
en realidad	*actually, in fact, in actuality*	**En realidad,** Colón sabía menos de cartografía de lo que se podría esperar.

⁎ **PRÁCTICA**   Completa el siguiente párrafo con **actual, real, en la actualidad** o **en realidad.**

_____ ¹ se puede ver todavía la influencia de la cultura indígena en los países latinoamericanos, incluso si _____ ² queda muy poca presencia indígena en algunos de ellos. En el México _____ ,³ por ejemplo, la comida se basa sobre todo en los productos que componían la dieta de sus antepasados de la era precolombina. Para algunas personas, si se quiere saber la manera _____ ⁴ de ser de un pueblo hay que investigar primero lo que come.

MÁS personal

ACTIVIDAD 1   **Tus raíces**   Contesta con oraciones completas las siguientes preguntas sobre tus raíces.

1. ¿Cuál es tu nacionalidad? _____

2. ¿Eres bilingüe? _____

3. ¿Cuál es la lengua materna de tus abuelos? _____

4. ¿Cuál es la patria de tu abuela? _____

5. ¿Cuáles son los colores de la bandera del país donde tu familia tiene sus raíces?

_____

6. ¿Dónde creciste tú? _____

7. ¿Fue difícil para ti adaptarte a la vida universitaria? ¿Por qué?

_____

8. ¿A quién o qué echas de menos en este momento? _____

9. ¿De qué sientes nostalgia? _____

10. ¿En qué aspecto de tu vida necesitas superarte? _____

11. ¿Qué o quién te hace sentirte orgulloso/a? _____

ACTIVIDAD 2   **Un poco sobre ti**   Contesta con oraciones completas las siguientes preguntas sobre tu experiencia personal.

1. ¿Tienes algún amigo extranjero?

_____

2. ¿Hablas otro idioma?

_____

3. ¿Te interesa conocer otro país?

_____

4. ¿Hay alguien de otro país en tu comunidad?

_____

5. ¿Conoces a alguna persona famosa de Hollywood?

_____

ACTIVIDAD 3   **Mi país**   Completa las siguientes ideas de manera lógica.

1. Mi país es un país que...

_____

2. Yo deseo vivir en un país que...

_____

3. Los inmigrantes buscan en mi país un lugar que/donde...

_____

4. Muchos inmigrantes encuentran en mi país un lugar que/donde...

_____

5. En mi país hay personas que...

_____

6. No conozco a nadie en mi país que...

_____

Práctica auditiva

Pronunciación y ortografía

La pronunciación de las letras **d, t** *y* **r**

In Spanish, the letters **d, t,** and **r** have distinct pronunciations. Accurate pronunciation of these letters is important because it can distinguish between different words. With all three of these letters, the part of the mouth where the sound is produced in Spanish is different than in English.

/d/

The letter **d** has two sounds in Spanish, the occlusive [d] and the fricative [ð]. The [d] sound in Spanish is close in sound to the English /d/ (as in *dog*), but only when it is follows a pause or an **n**. It starts with your tongue touching the back of your top front teeth. It is called an *occlusive,* or *stop,* because the flow of air is closed when you begin the sound.

The *fricative* [ð] is produced when the **d** follows other consonants or is between vowels. It starts with your tongue between your teeth, and in this case, air never stops flowing. This [ð] sound is similar to the English /th/ in *they*.

/t/

In Spanish, the sound of the letter **t** is produced placing your tongue against the back of your upper teeth (unlike English, where the tongue touches the top of the mouth). The /t/ in Spanish is not aspirated like the English /t/, which means there is no puff of air produced as you pronounce it.

/r/

This is one of the two sounds of the letter **r** in Spanish. (You will practice the two sounds in contrast with one another in **Capítulo 8.**) Here, you will practice the /r/ sound that is a *flap*—the tongue taps once against the alveolar ridge (the little ridge right behind your upper teeth). The Spanish /r/ is produced when there is only one **r** and it does not follow a pause. It is different from the English /r/, but close to the /tt/ and /dd/ sound in the American English pronunciation of *caddy* and *Potter*.

ACTIVIDAD 1   Escucha y repite

Paso 1   Escucha y repite los siguientes ejemplos notando la diferencia entre los sonidos de las letras **d, r** y **t.** Vas a escuchar cada ejemplo dos veces.

1. cada
2. cara
3. cata
4. todo
5. toro
6. para
7. pata
8. nada
9. nata

Paso 2   Escucha y repite los siguientes ejemplos de la **d** oclusiva y la **d** fricativa. Vas a escuchar cada ejemplo dos veces.

Oclusiva [d]:

1. Dame eso.
2. un dato
3. Dímelo.
4. la tienda
5. donde

Fricativa [đ]:

1. más dinero
2. el danzón
3. moneda
4. verde
5. Eduardo

Paso 3   Escucha y repite los siguientes ejemplos de la letra **t,** notando la diferencia entre los sonidos en inglés y español. Cuando repitas la palabra, ponte la mano cerca de la boca para sentir la diferencia en la aspiración. Vas a escuchar cada ejemplo dos veces.

1. *two*
2. tú
3. *tea*
4. ti
5. *ten*
6. ten

Paso 4   Escucha y repite los siguientes ejemplos del sonido /r/. Vas a escuchar cada ejemplo dos veces.

1. Caribe
2. Dora
3. Laredo
4. Maradona
5. tiara
6. tirada

☀ ACTIVIDAD 2   *d, t* o *r*   Repite las siguientes palabras e indica si el sonido que incluyen es **d, t** o **r**. Vas a escuchar cada palabra dos veces.

Ejemplo: para   d   t   (r)

1. d   t   r   5. d   t   r   9. d   t   r
2. d   t   r   6. d   t   r   10. d   t   r
3. d   t   r   7. d   t   r   11. d   t   r
4. d   t   r   8. d   t   r   12. d   t   r

☀ ACTIVIDAD 3   **Los sonidos [d] y [đ]**   Repite las siguientes palabras e indica si incluyen la **d** oclusiva o fricativa. Vas a escuchar cada ejemplo dos veces.

Ejemplos: cada   [d]   ([đ])

               dato   ([d])   [đ]

1. [d]   [đ]   5. [d]   [đ]   9. [d]   [đ]
2. [d]   [đ]   6. [d]   [đ]   10. [d]   [đ]
3. [d]   [đ]   7. [d]   [đ]
4. [d]   [đ]   8. [d]   [đ]

☀ ACTIVIDAD 4   **Dictado**   Repite cada una de las siguientes oraciones llenando los espacios en blanco para completarlas. Vas a escuchar cada oración dos veces.

1. _____ muñeco tiene la _____ diferente.

2. No me gusta _____ la _____.

3. La _____ es _____ mí.

4. No _____ hacerlo con el chocolate _____.

5. Recita una _____ por _____.

6. No _____ más: la _____ está encendida.

7. Hay un _____ en la calle _____ salvaje.

Cultura   *Spanglish:* ¿Lengua del futuro?

Escucha el texto y completa la actividad que sigue. Vas a escuchar el texto dos veces.

Una tienda que refleja la realidad bilingüe en los Estados Unidos

Vocabulario útil

híbrido/a	*hybrid*
detractor	*opponent*
angloparlante	*English speaker*

¿Entendiste?   Completa el resumen del texto que acabas de oír con la información necesaria.

Hay más de 40 _____[1] de hispanos residiendo en los _____,[2] por eso el contacto entre el inglés y el español ha creado una _____[3] híbrida: el *spanglish.*

En el ambiente _____,[4] el *spanglish* tiene sus defensores y detractores. Los defensores _____[5] que el *spanglish* implica el dominio lingüístico de ambos _____.[6] Sin embargo, para los detractores el *spanglish* es un proceso que afecta a la _____[7] de las dos lenguas.

La pregunta es: ¿El *spanglish* va a ser una lengua que se _____[8] en los países _____[9] o sólo se va a hablar en las _____[10] hispanas de los Estados Unidos?

* Circunlocución: Cuando no conocemos la palabra exacta

Empareja cada una de las tres definiciones que vas a escuchar con el dibujo y palabra correspondientes. Vas a escuchar cada definición dos veces. Luego escribe tu propia definición de la última palabra.

Estas definiciones tienen que ver con una tradición muy popular en el mundo hispanohablante.

A. la procesión   **B. el paso**

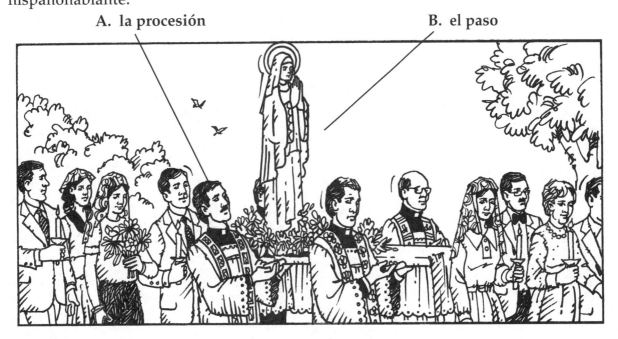

C. la Semana Santa   **D. la ofrenda**

1. _____   2. _____   3. _____

Tu definición:

_____

_____

Nuestro pequeño mundo

8

Práctica escrita

Palabras

*ACTIVIDAD 1   **Asociaciones**   Empareja una palabra o expresión de la columna A con una palabra de la columna B.

A	B
_____ 1. la agricultura	a. el contenedor
_____ 2. la capa de ozono	b. la deuda
_____ 3. la sequía	c. madera
_____ 4. cortar	d. el tratado
_____ 5. la basura	e. la cosecha
_____ 6. el Fondo Monetario Internacional	f. el agujero
_____ 7. el acuerdo	g. el desierto

* ACTIVIDAD 2   **Quique y la ecología**   Completa el siguiente párrafo con las palabras de la lista. Conjuga los verbos en la forma correcta del presente de subjuntivo cuando sea necesario.

ambiente	botar	contenedor	cosechas
envases	medioambiental	países desarrollados	pesticidas
preservar	reciclables	recursos naturales	reducir

Quique es un estudiante de biología, al que le interesa mucho la protección de los

_____.[1] Le molesta que la gente _____[2] los _____[3]

_____[4]: él siempre los recoge y luego los pone en el _____[5] de

reciclados. Quique considera muy importante que la humanidad _____[6] el

medio _____[7] y la salud de todos, por eso participa en protestas contra el uso

de _____[8] en las _____.[9] Para él, es importante que los

_____[10] tomen medidas para _____[11] drásticamente la

contaminación _____.[12]

Estructuras

19. El futuro y el futuro perfecto de indicativo

* ACTIVIDAD 1   **Cuadro de verbos**   Completa el cuadro de abajo y el de la siguiente página con las formas del futuro y del futuro perfecto.

Futuro						
	yo	tú	él/ella/Ud.	nosotros	vosotros	ellos/ellas/ Uds.
					diréis	
ir		irás				
hacer						
poder						
reducir						
tener						
poner						
botar						
salir						
saber						

Futuro perfecto						
	yo	tú	él/ella/Ud.	nosotros	vosotros	ellos/ellas/ Uds.
			habrá reciclado			
poner						
decir						
morir						
	habré sido					

* **ACTIVIDAD 2** **La escasez de recursos** Completa las siguientes predicciones y estimaciones (*estimates*) con la forma del futuro de los verbos de la lista.

crear	dar	haber	hacer	poder
poner	purificar	saber	ser	tener

1. Latinoamérica _____ un problema de escasez de recursos en los próximos años.

2. Las empresas privadas _____ una situación más difícil para los gobiernos.

3. Los líderes latinoamericanos _____ restricciones al uso de los recursos naturales.

4. El Banco Mundial y el Fondo Monetario Internacional _____ más préstamos para el suministro de agua potable.

5. Muchos países latinoamericanos _____ el agua con cloro.

6. En México, D.F., Santiago de Chile y Lima _____ menos agua en las reservas subterráneas.

7. El consumo del agua _____ el doble del consumo total en el año 2025.

8. Los gobiernos _____ los cambios necesarios para controlar la explotación de recursos naturales.

9. (Nosotros) _____ mantener la calidad de vida si reciclamos los desperdicios.

10. No (nosotros) _____ exactamente las consecuencias futuras del desperdicio del agua.

20. El indicativo y el subjuntivo en cláusulas adverbiales

[*] **ACTIVIDAD 1** **Conjunciones adverbiales** Marca la conjunción adverbial apropiada para cada oración.

Ejemplo: Los negocios agrícolas no pueden seguir consumiendo tanta agua (sin / (sin que)) el gobierno les cobre por el suministro.

1. La planificación urbanística debe buscar soluciones (para / para que) se mejore la calidad de vida de los habitantes de las ciudades.

2. La ley será efectiva (después / después de que) se apruebe la propuesta.

3. Los agricultores no quieren dejar el campo (con tal que / aunque) puedan seguir trabajando en la agricultura.

4. (Aunque / Cuando) arrojamos (*dump*) basura al mar, alteramos el ecosistema marino.

5. La explotación de los recursos naturales no puede continuar (siempre y cuando / sin que) se tomen las medidas necesarias para mantenerlos en el futuro.

6. Las autoridades mexicanas han creado regulaciones (en caso de / para) mejorar la calidad del aire.

7. Tenemos que ahorrar más energía (aunque / siempre y cuando) sea difícil acostumbrarnos al principio.

8. (A fin de / A fin de que) cambie de opinión, recuérdale al inversionista los beneficios medioambientales de este proyecto.

9. El concepto de la economía sustentable (*sustainable*) implica utilizar los recursos naturales (para que / tan pronto como) no se agoten en el futuro.

10. Es una ciudad maravillosa, pero no hay transporte público disponible (después de / después de que) la medianoche.

11. Hay que proteger la Amazonia contra la deforestación (antes de que / a menos que) su destrucción tenga efectos irreversibles para todo el planeta.

⊡ ACTIVIDAD 2 **Conciencia ambiental** Completa las siguientes oraciones con la forma correcta del presente de subjuntivo o indicativo de los verbos que se ofrecen, o dejándolos en el infinitivo.

Ejemplo: Podemos hacer excursiones a la selva siempre y cuando _dejemos_ (nosotros: dejar) intacta la naturaleza.

1. La organización ambiental anunció una nueva campaña para que las industrias no _____ (botar) desperdicios al mar.

2. La idea es que podemos hacer pequeños cambios en nuestros hábitos sin _____ (nosotros: tener) que cambiar nuestro estilo de vida.

3. Siempre apago la luz en cuanto _____ (yo: salir) de mi habitación.

4. Hay que detener la deforestación de la Amazonia antes de que _____ (ser) demasiado tarde.

5. Nunca dejo basura cuando _____ (yo: ir) a la playa.

6. Las generaciones futuras van a tener menos recursos para _____ (ellos/as: satisfacer) sus necesidades básicas.

7. La calidad del aire no va a mejorar a menos que _____ (**se** impersonal: crear) regulaciones más estrictas contra la contaminación.

8. No debemos visitar los espacios naturales protegidos sin que un guía turístico _____ (ir) con nosotros.

⊡ ACTIVIDAD 3 **Ahorrar combustible** Completa el párrafo con la forma correcta del subjuntivo o indicativo de los verbos que están entre paréntesis, o dejándolos en el infinitivo.

Los consumidores se quejan porque el precio del combustible _____ [1] (estar) más alto cada día. Se han creado campañas de publicidad para que los consumidores _____ [2] (evitar) el gasto excesivo de combustible. El alto precio del combustible tiene que ver con el aumento en el precio del petróleo antes de _____ [3] (ser) procesado en derivados (_as by-products_) como la gasolina o energía para producir electricidad. Lo cierto es que el precio del petróleo no va a bajar aunque las organizaciones internacionales _____⁴ (tratar) de regular los precios. Entonces, ¿qué podemos hacer? Los fabricantes de autos han empezado a diseñar los autos híbridos como una opción, a fin de que los consumidores _____⁵ (economizar) en el gasto de gasolina. No cabe duda que los carros híbridos, o sea, los que funcionan con electricidad y gasolina, son la mejor alternativa siempre y cuando los precios de venta _____ ⁶ (mantenerse) iguales a los de los carros convencionales. Una de las mayores ventajas de un vehículo híbrido es que puede recorrer 500 millas por tanque, mientras que un carro convencional _____⁷ (recorrer) solo 200 ó 300 millas por tanque. Lo esencial es ahorrar combustible al máximo (*as much as posible*) de modo que nosotros _____⁸ (poder) acostumbrarnos a los cambios que se aproximan en nuestro estilo de vida.

* **AUTOPRUEBA**   **El manglar** (*Mangrove forest*)   Completa los párrafos con la forma correcta de los verbos que están entre paréntesis en el presente de indicativo o de subjuntivo, en el futuro, o dejándolos en el infinitivo.

El manglar consiste en un grupo de árboles que se adaptan para _____¹ (sobrevivir) en terrenos pantanosos (*swamp lands*). Los árboles y las plantas que crecen en los manglares desarrollan raíces aéreas porque _____² (necesitar) estabilizarse en un terreno poco firme. Además, tienen unas estructuras especializadas para que _____³ (entrar) el oxígeno y _____⁴ (salir) el dióxido de carbono. Los

manglares pueden estar en contacto directo con el mar o cerca de los ríos y las lagunas. Ofrecen una importante función: son como pulmones (*lungs*) cuando _____⁵ (estar) cerca de ciudades con mucha contaminación.

Aunque el manglar _____⁶ (ser) un ecosistema muy productivo porque produce gran cantidad de materia orgánica, está en peligro de extinción debido a la contaminación de las aguas. La situación _____⁷ (poder) ser devastadora a menos que _____⁸ (hacer: nosotros) algo pronto. De lo contrario, en un futuro próximo _____[9] (desaparecer) el hábitat de muchas especies de animales

y organismos marinos. Peor aún, los manglares cerca del mar no _____[10]

(poder) proteger la costa contra la erosión ni las tormentas.

Es importante seguir luchando hasta que la población _____[11] (entender)

la importancia de los manglares. Después de todo, los manglares son lugares recreativos

porque _____[12] (servir) para practicar deportes acuáticos y actividades

turísticas, de modo que no solo _____[13] (beneficiar) el medio ambiente, sino

tambien nos _____[14] (ofrecer) diversión.

¡No te equivoques!   Maneras de expresar *to support*

apoyar	to support to give emotional support	Si crees que vas a caerte, **apóyate** en mí. Te **apoyamos** en todo lo que necesites.
mantener	to support financially to keep	Ella **mantiene** a su familia con su sueldo. Nos gusta **mantener** las tradiciones familiares.
sostener	to support; to sustain to hold	Esas columnas **sostienen** el edificio. El hombre **sostiene** al niño en sus brazos.
soportar	to bear to withstand to put up with	El ser humano no puede **soportar** la presión del agua a gran profundidad. Este material **soporta** temperaturas de más de 100°. No **soporto** el calor.

* **Práctica**   Elige uno de los verbos que expresan *to support* y conjúgalo en el presente de indicativo para completar las siguientes oraciones basadas en los dibujos.

1.

El pueblo _____ a María Torres para presidenta.

2.

«¡No _____ este ruido!»

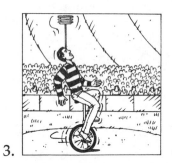

3.

El acróbata _____ varios platos sobre un palo (*stick*) en la cabeza.

4.

La Sra. García _____ a su familia con un solo sueldo.

MÁS personal

[*] **ACTIVIDAD 1**   **La tercera palabra**   Escribe una palabra de la sección **Palabras** que relaciones con las otras dos que se dan aquí.

Ejemplo: sembrar, la agricultura, _la cosecha_

1. la madera, el bosque, _____

2. el agujero, el efecto invernadero, _____

3. crear, cultivar, _____

4. reducir, preservar, _____

5. cortar, consumir, _____

6. el pesticida, la basura, _____

7. la tierra, la acera, _____

ACTIVIDAD 2   **¿Qué harás tú?**

Paso 1   Basándote en este anuncio de una campaña de ahorro de agua, haz una lista de todas las cosas que harás esta semana para ahorrar agua.

¿Se puede hacer con menos agua? ¡Cada gota[a] cuenta!

- Limpia la verdura y la fruta en un cuenco.
- Usa la escoba[b] en vez de la manguera[c] para limpiar el patio o la acera.
- No dejes que el grifo gotee.[d]
- Reduce el caudal[e] de agua que sale del grifo.[f]
- Dúchate en vez de bañarte.
- Usa la lavadora a plena carga.[g]

[a]*drop*   [b]*broom*   [c]*hose*   [d]*drip*   [e]*pressure*   [f]*faucet*   [g]*a. . . with a full load*

Ejemplo: _Usaré la lavadora a plena carga._

1. _____
2. _____
3. _____
4. _____
5. _____

Paso 2   Ahora escribe oraciones que reflejen tus preocupaciones ecológicas. ¿Qué crees que habremos hecho con nuestro planeta para finales de este siglo? Utiliza las palabras que aparecen a continuación y expresa tus ideas en el futuro perfecto.

Ejemplo: _Creo que habrá aumentado la contaminación._

el aire   los bosques   las ciudades   el petróleo   el planeta

1. _____
2. _____
3. _____
4. _____
5. _____

ACTIVIDAD 3   **Tu opinión**   Completa las siguientes ideas según tu opinión.

1. Las selvas, como la Amazónica, son importantes para los seres humanos porque...

   _____

2. La selva Amazónica puede desaparecer a menos que...

   _____

3. Es necesario que nuestros gobiernos _____ (acción) a fin de...

   _____

4. La situación medioambiental en este país puede mejorar con tal que...

   _____

Práctica auditiva

Pronunciación y ortografía

La letra **r**: *los sonidos* /r/ *y* /rr/

In Spanish there are two sounds represented by the letter **r**, both produced in the same place—with the tongue against the alveolar ridge. One is /r/, only one flap of the tongue. The other, /rr/, is a series of flaps, or a *trill*.

In both cases, the tongue is mostly flat and touches the upper side teeth (unlike the English **r**, which involves curling up the tongue).

In Spanish, the sound /rr/ occurs at the beginning or end of a word, or before or after another consonant. In between two vowels, both /r/ and /rr/ can appear. The two sounds distinguish different words, when the /rr/ is represented by **rr**.

How to produce the Spanish /rr/   This sound can be difficult for speakers of other languages, but very few people, including native Spanish speakers, are physically unable to produce it. If you are having difficulty producing this sound, follow these steps:

- Identify the alveolar ridge (the little ridge behind your upper teeth), and position your tongue wide open and flat against it. In order to produce trill of the /rr/, your tongue will have to flap a few times.
- You probably can say **tres** and **tren** correctly. Now practice dropping the initial **t** of the word, keeping the **r**: **res . . . ren**. What you have left is the correct pronunciation of /rr/.

If you manage to produce the sound after you try a few times, then it's a matter of practicing often until you are comfortable producing it fast. You are not alone in your difficulty—many Spanish-speaking children don't master this sound until age 5 or later!

ACTIVIDAD 1   **Escucha y repite**

Paso 1   Escucha y repite los siguientes ejemplos del sonido /rr/. Vas a escuchar cada ejemplo dos veces.

1. rojo
2. comer
3. carne

4. torpe
5. tráfico
6. enredo

Paso 2 Escucha y repite las siguiente palabras notando la diferencia entre /r/ y /rr/. Vas a escuchar cada ejemplo dos veces.

1. pero

2. perro

3. caro

4. carro

[*] **ACTIVIDAD 2** **¿/r/ o /rr/?** Repite las siguientes palabras e identifica si contienen el sonido /r/ o /rr/. Vas a escuchar cada palabra dos veces.

Ejemplo: curro   /r/ (/rr/)

1. /r / /rr/

2. /r / /rr/

3. /r / /rr/

4. /r / /rr/

5. /r / /rr/

6. /r / /rr/

7. /r / /rr/

8. /r / /rr/

[*] **ACTIVIDAD 3** **Dictado** Escribe las palabras que vas a escuchar. Vas a escuchar cada palabra dos veces.

1. _____

2. _____

3. _____

4. _____

5. _____

6. _____

7. _____

8. _____

9. _____

10. _____

ACTIVIDAD 4   **Trabalenguas** (*Tongue twister*)   Repite estos trabalenguas tan rápida y correctamente como puedas. Vas a escuchar cada uno dos veces.

1. El perro de Ramón Ramírez no tiene rabo porque Ramón Ramírez se lo ha cortado.

2. Un tigre, dos tigres, tres tigres, estaban comiendo trigo en un trigal.

⊡ Cultura   Bioenergía: ¿Solución contra el hambre y la pobreza?

Escucha el texto y completa la actividad que sigue.
Vas a escuchar el texto dos veces.

Vocabulario útil

el cultivo	*crop*
la alimentación	*food*
la remolacha	*beet*
contar con	*to have available*

Trabajadora en un campo de caña

¿Entendiste?   Completa el resumen del texto que acabas de oír con la información necesaria.

La bioenergía consiste en usar productos _____[1] como fuentes de

_____.[2] Algunos _____[3] típicos son la caña de azúcar, la remolacha,

el _____,[4] la _____,[5] el carbón, etcétera. La Organización de

las _____[6] Unidas para la Agricultura y la Alimentación opina que la

bioenergía puede presentar una _____[7] a los problemas de la pobreza y el

_____,[8] además de ser un modelo para la economía _____.[9]

Circunlocución: Cuando no conocemos la palabra exacta

Empareja cada una de las tres definiciones que vas a escuchar con el dibujo y palabra correspondientes. Vas a escuchar cada definición dos veces. Luego escribe tu propia definición de la última palabra.

Las palabras de esta sección se refieren a dos animales y dos tipos de lluvia.

A. el aguacero   **B. el zorrillo**

C. el mapache   **D. el calabobos**

1. _____   2. _____   3. _____

Tu definición:

_____

_____

En busca de la igualdad

9

Práctica escrita

Palabras

* ACTIVIDAD 1   **La palabra correcta**   Selecciona la palabra que completa mejor las siguientes oraciones.

1. Una persona que no puede oír es (sorda / ciega).

2. Una mujer que siente atracción sexual por otra mujer es (muda / lesbiana).

3. Un hombre que está en prisión es un (modelo / preso).

4. Si no puedo expresar mi opinión, no tengo (libertad / lucha).

5. No conseguir trabajo por ser católico es discriminación (de género / religiosa).

6. Una organización no gubernamental es una (ley / ONG).

7. Un hombre es (una hembra / un varón).

8. El (analfabetismo / abuso) consiste en no saber leer ni escribir.

* ACTIVIDAD 2   **Opuestos**   Empareja la palabra de la columna A con su antónimo de la columna B.

A	B
_____ 1. libertad	a. promover
_____ 2. rechazar	b. discriminación
_____ 3. igualdad	c. incluir
_____ 4. marginado	d. injusto
_____ 5. oponerse	e. prisión
_____ 6. justo	f. privilegiado

ACTIVIDAD 3 La Organización Nacional de Ciegos Españoles (ONCE) Completa los siguientes párrafos con las palabras de la lista, conjugando los verbos en el presente de indicativo cuando sea necesario.

asistencia pública	discapacitados	injusta
marginados	rechazo	voz

Durante mucho tiempo los _____¹ han experimentado el _____² de la sociedad y se han sentido sin una _____³ para expresar su situación de seres _____.⁴ Esta situación _____⁵ afortunadamente está cambiando, gracias a la _____⁶ y a asociaciones como la ONCE.

ciegos	con respecto	discriminación social	esforzarse
integrar	mejorar	oponerse	promover

La ONCE desea _____⁷ las condiciones de vida de las personas que no pueden ver, es decir los _____.⁸ Esta asociación _____⁹ a la _____¹⁰ de los invidentes (*blind*) y _____¹¹ su derecho a un puesto de trabajo. _____¹² a personas con otras deficiencias físicas, la ONCE también _____¹³ por _____¹⁴ a estas personas al mundo laboral, social y cultural.

Estructuras

21. *El presente perfecto de subjuntivo*

ACTIVIDAD 1 Reacciones Completa las siguientes oraciones con el presente perfecto de subjuntivo de los verbos que están entre paréntesis.

1. Es crucial que se _____ (discutir) las consecuencias negativas del machismo.

2. Me parece importante que los indígenas _____ (denunciar) el problema de la discriminación racial.

3. No hay nadie en esta oficina que _____ (oponerse) a la decisión del comité.

4. No creo que los manifestantes _____ (expresar) claramente su opinión.

5. Es increíble que el acusado _____ (negar) la existencia de la violencia doméstica en su familia.

6. Dudo que ellos _____ (construir) muchas rampas de acceso para las personas discapacitadas en el edificio nuevo.

* ACTIVIDAD 2 **¿Presente perfecto de indicativo o subjuntivo?** Completa las oraciones con la forma correcta del presente perfecto de indicativo o de subjuntivo de los verbos que están entre paréntesis.

1. El informe _____ (evaluar) las actitudes discriminatorias contra los empleados.

2. ¿Hay alguien que _____ (leer) la respuesta del activista?

3. Las mujeres _____ (exigir) mayor representación en los puestos ejecutivos.

4. Es crucial que los líderes _____ (hacer) un reclamo en defensa de los derechos humanos.

5. No hay nadie que _____ (trabajar) tanto como ella en la lucha contra el sexismo.

6. Debemos agradecerles a las mujeres que _____ (enfrentarse) a la lucha contra los prejuicios por tantos años.

7. No hay duda de que el machismo es una actitud que se _____ (asociar) con los hombres, pero hay mujeres que la _____ (apoyar) también.

8. No creo que la empresa le _____ (ofrecer) el puesto porque tiene un nivel muy bajo de escolaridad (*schooling*).

* ACTIVIDAD 3 **Día Internacional de la Mujer Afrolatinoamericana y Afrocaribeña** Completa el siguiente párrafo con la forma correcta del presente perfecto de subjuntivo o indicativo de los verbos que están entre paréntesis.

El 25 de julio _____[1] (ser) declarado el Día Internacional de la Mujer Afrolatinoamericana y Afrocaribeña. En la declaración oficial se _____[2] (evaluar) la situación de desigualdad social, económica y cultural que las mujeres de descendencia africana _____[3] (enfrentar) en Latinoamérica y el Caribe. Es importante que se _____[4] (reconocer) la situación de estas mujeres como un sector que sigue luchando contra la discriminación racial y sexual. Sin embargo, no hay duda que el reconocimiento no se _____[5] (lograr) por completo. Existen muchos problemas que el movimiento de mujeres negras y feministas _____[6] (discutir) y para los que no _____[7] (encontrar) soluciones todavía. Es importante que este sector de la población latinoamericana y caribeña _____[8] (presentar) los factores que

_____⁹ (retrasar) el derecho a mejores oportunidades en el campo de la salud, la educación y el trabajo. Es bueno que esta declaración se _____¹⁰ (hacer) para que se reconozca la situación de estas mujeres en el panorama internacional.

22. *Los pronombres relativos*

* ACTIVIDAD 1   **¿Qué pronombre es apropiado?**   Completa las siguientes oraciones con los pronombres relativos que se ofrecen, según sea necesario.

que   quien   quienes

1. Esa es la librería _____ vende libros sobre la historia del feminismo.

2. Creo que Martin Luther King, Jr., es un líder a _____ siempre debemos recordar por sus logros (*triumphs*) contra la discriminación racial.

3. El activista _____ llegó de Nueva York es el orador (*speaker*) principal.

4. Los estudiantes con _____ me comuniqué están muy comprometidos con la lucha.

5. Ese es el documento _____ explica la nueva medida a favor de la representación de homosexuales.

6. Julia Álvarez, _____ nació en la República Dominicana, es autora de una novela sobre la violación de los derechos humanos bajo la dictadura.

el cual   la cual   los cuales   las cuales

1. El grupo, _____ estaba compuesto de mujeres de diferentes países, expresó su opinión contra la violencia doméstica.

2. La presidenta, a _____ tuvimos ocasión de saludar (*greet*), es una profesora jubilada.

3. El ejercicio, con _____ se inició la actividad, estuvo muy divertido.

4. Los incidentes, a _____ el profesor se refirió en su presentación, aparecen en el informe.

cuyo/a   cuyos/as   donde   lo que   lo cual

1. _____ le interesa a la comisión es investigar casos de violencia contra los niños.

2. El mensaje, _____ objetivo es hacer público el problema de la discriminación, ha sido publicado en la revista.

3. La Declaración Universal de los Derechos Humanos también busca proteger a los niños, por _____ se enmendó (*amended*) en 1959.

4. _____ plantea la Declaración Universal de los Derechos Humanos es la igualdad para todos los habitantes del planeta.

5. El pueblo _____ nació Rigoberta Menchú es una de las comunidades quiché de Guatemala.

6. La preocupación por los niños se discutió en la Convención de Ginebra, _____ se adoptó una nueva medida a favor de sus derechos.

7. Sobre estos temas es bueno consultar el sitio de la UNESCO, _____ páginas en el Internet están muy bien documentadas.

☐* ACTIVIDAD 2 **Unión de ideas** Une las siguientes ideas en una sola oración usando los pronombres relativos **que, quien(es), lo que** y **cuyo/a/os/as.**

Ejemplo: El líder le habló al público con emoción. El líder vino de California.

> *El líder, que vino de California, le habló al público con emoción.*
>
> (O *El líder que vino de California le habló al público con emoción.*)

1. Te presté el libro. Compré el libro en Nicaragua.

   _____

2. Esa es la profesora del curso de género. Con esa profesora estudiamos diferentes movimientos feministas.

   _____

3. Préstame el CD. Tienes el CD de música andina.

   _____

4. La actuación fue muy buena. Me gustó eso más en la película.

   _____

5. Los indígenas nos recibieron con mucha amabilidad. Sus artesanías son muy famosas.

   _____

* **ACTIVIDAD 3** **Más pronombres relativos** Completa el siguiente párrafo con los pronombres relativos **que, cuyo, quien(es), donde** o **lo que**.

Esta tarde llega la profesora Martínez, a _____¹ tuve el placer de conocer en el último congreso de historiadores. Martínez, _____² trabajo se centra en investigaciones antropológicas en comunidades indígenas en los Andes, viene a presentar datos sobre su último proyecto en Perú, _____³ estuvo investigando por seis meses. Durante los meses _____⁴ vivió allá, tuvo la oportunidad de convivir con mujeres indígenas. _____⁵ a ella le interesaba observar era la participación de las mujeres en organizaciones comunitarias. Para su sorpresa, la mayoría de las mujeres _____⁶ entrevistó pertenecían a alguna organización comunitaria o política. Las investigaciones de la profesora Martínez se distinguen (*stand out*) porque siempre logran presentar aspectos de las comunidades marginadas _____⁷ no han sido estudiadas desde la perspectiva de las mujeres. Por eso estoy tan interesada en asistir a la conferencia _____⁸ va a dictar (*present*) esta tarde. La manera en _____⁹ ella presenta la información siempre reta (*challenges*) las nociones _____¹⁰ el público pueda tener sobre cualquier tema. La originalidad de su trabajo consiste en que ella combina el testimonio de sus informantes con los estudios _____¹¹ se han hecho anteriormente, para así darnos una visión más completa de la situación de una comunidad determinada.

* **AUTOPRUEBA** **Los derechos de los indígenas en Colombia** Completa el siguiente párrafo con la forma correcta del presente o presente perfecto de subjuntivo o indicativo de los verbos que están entre paréntesis. Escoge el pronombre relativo correcto cuando sea necesario.

La Convención Interamericana de Derechos Humanos _____¹ (analizar) la situación de 600.000 indígenas de Colombia. Como resultado de esa gestión (*effort*), estos ciudadanos _____² (recibir) el reconocimiento de la Constitución colombiana para que se les garanticen sus derechos culturales y políticos. Es importante que la lucha de las comunidades indígenas _____³ (lograr) representación política a través de la creación de sus propias organizaciones y partidos políticos. Quizás lo más interesante es que estas comunidades ya _____⁴ (establecer) negociaciones con corporaciones fuera del país. Esta tendencia _____⁵ (responder) al aumento del comercio internacional _____⁶ (que / donde) se _____⁷ (ver) a nivel global en los últimos años. En ese sentido, es inevitable que las comunidades indígenas

_____[8] (desarrollar) alianzas y confederaciones _____[9] (que / quien)

van más allá de la economía nacional. Ahora el gobierno colombiano también

_____[10] (tratar) de incorporar estrategias _____[11] (el cual / cuyo) fin

(*goal*) sea vincular (*to connect*) las comunidades a los programas de desarrollo social y

económico del país. Para poner en práctica esas medidas, el gobierno ya _____[12]

(aprobar) leyes que _____[13] (hacer) legítimos los derechos de los indígenas.

_____[14] (lo cual / lo que) llama la atención de estas acciones es que

_____[15] (crear) la necesidad de que más indígenas aspiren a una formación

profesional. Después de todo, será a ellos a _____[16] (que / quienes) corresponda

trabajar por sus comunidades en el futuro.

¡No te equivoques!   Cómo se expresan *to go* y *to leave*

ir	*to go somewhere* (requires a specific destination)	Este año queremos **ir** a las Islas Galápagos para las vacaciones.
irse	*to leave* (destination not specified or emphasized)	**¡Me voy!** Ya no puedo soportarlo.
salir **salir de/para**	*to leave; to depart* *to leave from/to*	El vuelo **sale** a las 8:30. La expedición **salió de** Puerto Montt **para** la Antártida. El activista no puede **salir del** país.
partir	*to leave; to depart* (more formal than **salir**)	El tren **partió** sin pasajeros.
dejar	*to leave, abandon someone/something*	¡No **dejes** los libros en el carro! ¡No me **dejen** sola!

[*] **PRÁCTICA**   Elige la mejor traducción para cada uno de los siguientes títulos de libros.

1. *I'm leaving! How to Leave an Abusive Relationship* (autoayuda)

   a. *¡Voy! Cómo salir para una relación abusiva*

   b. *¡Me voy! Cómo dejar una relación abusiva*

2. *Birds That Leave in the Fall* (poesía)

   a. *Los pájaros que se van en el otoño*

   b. *Los pájaros que van en el otoño*

3. *Don't Ever Leave Me!* (novela)

   a. *¡No salgas nunca!*

   b. *¡No me dejes nunca!*

4. *Leaving with Just a Backpack* (viaje)

   a. *Salir con solo una mochila*

   b. *Ir con solo una mochila*

MÁS personal

ACTIVIDAD 1   **Tus definiciones**   Define con tus propias palabras los siguientes términos.

1. voz _____

2. mudo _____

3. analfabetismo _____

4. libertad _____

5. mejorar _____

ACTIVIDAD 2   **¿Tú qué piensas?**   Escribe oraciones sobre tres eventos importantes que hayan ocurrido recientemente en tu país, tu ciudad o tu universidad y expresa tu reacción sobre cada uno. Usa el presente perfecto de subjuntivo.

Ejemplo: *El precio de la gasolina ha aumentado mucho en los últimos meses. Es increíble que el precio de la gasolina haya subido tanto.*

1. _____

2. _____

3. _____

Práctica auditiva

Pronunciación y ortografía

h: *sola y después de* **c**

In most Spanish dialects, the combination **ch** sounds just like the English. But the letter **h** on its own has no sound in Spanish. It is referred to as **muda** (*silent*). Since it has no sound, we must memorize the words that include it.

ACTIVIDAD 1 **Pronunciación** Lee, escucha y repite las siguientes palabras. Vas a escuchar cada palabra dos veces.

1. hospital

2. Teherán

3. honor

4. hogar

5. ahora

6. hipermercado

7. almohada

8. La Haya

☒ **ACTIVIDAD 2** **Dictado** Escribe las palabras que vas a escuchar. Todas las palabras se escriben con **h**. Vas a escuchar cada palabra dos veces. El significado en inglés aparece entre paréntesis.

1. _____ (humble)

2. _____ (escape)

3. _____ (owl)

4. _____ (humid)

5. _____ (able)

6. _____ (orange blossom)

7. _____ (bay)

8. _____ (shoulder)

9. _____ (hole)

10. _____ (stink)

*Cultura   Reconocimiento a mujeres que han luchado en contra de las injusticias

Escucha el texto y completa la actividad que sigue. Vas a escuchar el texto dos veces.

Las Hermanas Mirabal, *de la artista estadounidense Erin Currier, está hecho de materiales reciclados.*

Vocabulario útil

la mariposa	*butterfly*
de hecho	*in fact*
el hecho histórico	*historic event*

¿Entendiste?   Completa el resumen del texto que acabas de oír con la información necesaria.

El 25 de noviembre ha _____¹ declarado el «Día Internacional de la Eliminación de la Violencia contra la Mujer». Esta _____² se ha escogido en conmemoración de las _____ [3] Mirabal de la República Dominicana, _____ [4] fueron asesinadas por el dictador Rafael Leónidas Trujillo. Las experiencias políticas de las Mariposas, como se les conoce a las hermanas Mirabal, han _____ [5] de inspiración a muchos escritores. Una escritora es Julia Álvarez, quien piensa que «estas hermanas que _____ [6] contra un tirano, sirven de _____ [7] para las mujeres que luchan contra toda clase de _____ [8]».

* Circunlocución: Cuando no conocemos la palabra exacta

Empareja cada una de las tres definiciones que vas a escuchar con el dibujo y palabra correspondientes. Vas a escuchar cada definición dos veces. Luego escribe tu propia definición de la última palabra.

Todas estas palabras están relacionadas con una manifestación y con la política en general.

A. la multitud   **B. el altavoz**   **C. el vocero**   **D. el lema**

1. _____   2. _____   3. _____

Tu definición:

_____

_____

Los tiempos precolombinos 10

Práctica escrita

Palabras

ACTIVIDAD 1 Definiciones

* Escribe la palabra correspondiente a cada definición.

1. Es un período indefinido que identifica una circunstancia histórica. _____

2. Es la acción de encontrar lo que estaba ignorado o escondido. _____

3. Es una persona que estudia aspectos relacionados con una civilización antigua, como su asentamiento, su arte o su artesanía. _____

4. Es la acción de proteger algo o a alguien de un ataque. _____

5. Es sinónimo de muy antiguo, relacionado con una civilización o una costumbre, por ejemplo. _____

6. Es una palabra que se usa para hablar de una extensión de tierra que pertenece a un país o una civilización, por ejemplo. _____

* ACTIVIDAD 2 La palabra que falta Completa las siguientes oraciones con las palabras de la lista.

era   época   fecha   milenio   siglo

1. En el _____ XV se produjo el encuentro entre Europa y América.

2. En el año 2000 empezó un nuevo _____.

3. ¿Cuál es tu _____ de nacimiento?

4. La juventud es una _____ de la vida en que se hacen muchas locuras.

5. En el año 1400 d. C. se inició la _____ de los descubrimientos.

* ACTIVIDAD 3   **La palabra intrusa**   Marca la palabra menos lógica en relación a cada idea.

1. los españoles en América: dominar   defender   conquistar

2. una excavación arqueológica: descubrimiento pirámide   reina

3. Mesoamérica: Chile   México   Honduras

4. el paso del tiempo: conquista   época   siglo

5. España en el siglo XV: Colón   milenio   reyes

6. un pueblo: asentamiento   fundación   descubrimiento

Estructuras

23. El imperfecto de subjuntivo

* ACTIVIDAD 1   **Cuadro de verbos**   Conjuga los verbos en el imperfecto de subjuntivo.

	yo	tú	él/ella/Ud.	nosotros	vosotros	ellos/ellas/Uds.
	pensara pensase					
		comieras comieses				
				fuéramos fuésemos		
					hicierais hicieseis	
						pusieran pusiesen
dar						
estar						

* ACTIVIDAD 2   **La leyenda de Enriquillo**   Completa el siguiente párrafo con la forma correcta del imperfecto de subjuntivo de los verbos de la lista.

expresar   haber   ocurrir   pasar   saber

ser   tener   traer   unir

Cuando comencé a estudiar la historia de la colonización de América, nunca imaginé que _____[1] leyendas tan interesantes sobre la resistencia de las culturas indígenas. Por ejemplo, me sorprendió que _____[2] un acto de rebelión en la isla de La Española* en el siglo XVI. Su líder fue Enriquillo. Lo más interesante es que Guarocuya (el nombre verdadero de Enriquillo antes de su bautismo) recibió una educación como si _____[3] europeo, aunque en realidad era hijo de un cacique (*chief*) indígena. Enriquillo creció entre religiosos españoles, pero no creía que los españoles _____[4] derecho a explotar a los indígenas. Por eso, Enriquillo les pidió a los otros líderes indígenas que se _____[5] a la rebelión contra los españoles. Aunque murieron muchos indígenas, el desastre de la batalla no impidió que Enriquillo _____[6] a ser una figura muy importante en la cultura de la República Dominicana. De hecho, fray (*Friar*) Bartolomé de las Casas dedicó tres capítulos de su *Historia de las Indias* a describir la sublevación del cacique. Luego, la historia de Enriquillo se convirtió en una leyenda de la literatura dominicana, porque permitió que los escritores _____[7] el tema de la libertad nacional. Me alegro que la profesora _____[8] la información a clase porque no conocía a nadie que _____[9] sobre esa leyenda.

*Durante la primera época de la conquista, así se llamaba la isla donde hoy en día están la República Dominicana y Haití.

¿Presente o pasado? Completa las siguientes oraciones con la forma correcta del presente o el imperfecto de subjuntivo.

1. Cristóbal Colón dudaba que _____ (existir) más tierras al otro lado del Océano Atlántico.

2. —Lamento que no _____ (poder) visitar las ruinas mayas en tu último viaje.
   —Yo también, pero las visitaré en mi próximo viaje en junio.

3. Los indígenas latinoamericanos veían a los dioses como si _____ (ser) parte de la naturaleza.

4. Los arqueólogos no están seguros de que estas piezas de arte _____ (pertenecer) a la época precolombina.

5. No me gustó que el profesor de historia nos _____ (decir) que teníamos que leer doce capítulos para el examen.

6. La profesora siempre se asegura de que nosotros _____ (terminar) el trabajo de laboratorio antes de la prueba.

7. En la clase de arte, siempre me gustaba que el profesor _____ (hablar) de sus viajes por Centroamérica.

8. Mis compañeros no compartían sus apuntes de clase conmigo a menos que yo _____ (estudiar) con ellos para el examen final.

24. El condicional

* ACTIVIDAD 1 **El condicional** Conjuga los verbos en el condicional.

	yo	tú	él/ella/Ud.	nosotros	vosotros	ellos/ellas/ Uds.
viajar						
venir						
salir						
poner						
hacer						
decir						

☒ **ACTIVIDAD 2** **El turista educado** Completa las siguientes preguntas con un verbo de la lista, usando la forma correcta del condicional para expresar cortesía.

gustar   poder   querer   recomendar   ser

1. No sé cómo llegar al museo de historia. ¿_____ Ud. decirme cómo llegar?

2. ¿Qué restaurante me _____ Ud. para comer?

3. Necesitamos cambiar dinero. ¿Cuál _____ el lugar de cambio más cercano?

4. Como tú hablas bien el idioma de esa comunidad indígena, ¿_____ acompañarme a visitarla?

5. Quiero conocer otras partes de la ciudad. ¿A Uds. les _____ venir conmigo?

ACTIVIDAD 3 **Situaciones hipotéticas**

☒ Completa las oraciones con la forma correcta del imperfecto de subjuntivo o el condicional de los verbos que están entre paréntesis.

Ejemplo: Si _supiéramos_ todas las respuestas, no _estudiaríamos_ el imperfecto de subjuntivo y el condicional.

1. Si los estudios arqueológicos no _____ (ser) tan exhaustivos, nosotros no _____ (saber) el origen de los primeros indígenas del Caribe.

2. Quizás _____ (nosotros: tener) otra versión de la conquista si los investigadores _____ (encontrar) documentos escritos de los indígenas.

3. Si no se _____ (seguir) estudiando las ruinas mesoamericanas, _____ (nosotros: quedarse) sin saber muchos detalles de sus civilizaciones indígenas.

4. Los arqueólogos no _____ (conocer) las fechas en las que vivieron las civilizaciones primitivas si no _____ (usar) el radiocarbono en sus investigaciones.

5. Los estudiantes no _____ (saber) mucho sobre la historia de la conquista de América por los europeos si no _____ (estudiar) historia en la escuela secundaria.

6. Si _____ (nosotros: interpretar) la naturaleza como los indígenas, _____ (ver) el mundo desde otra perspectiva.

Los taínos Completa el párrafo con la forma correcta del presente, presente perfecto o imperfecto de subjuntivo o indicativo, o del condicional de los verbos que están entre paréntesis.

Es posible que en algún momento tú _____[1] (oír) hablar de los taínos. _____[2] (ser) los habitantes que encontraron los españoles en América en 1492. Cuando Cristóbal Colón empezó su viaje nunca pensó que _____[3] (encontrar) una cultura como esa. Es obvio que los españoles no _____[4] (saber) nada de las costumbres de este grupo indígena, aunque _____[5] (conocer) las costumbres de otros grupos étnicos, como los judíos y los árabes. Además, los conquistadores pensaban que _____[6] (ser) poco probable que personas sin ropa y con muchos dioses _____[7] (ser) personas civilizadas. La visión medieval del mundo no permitió que los taínos y los españoles _____[8] (tener) un encuentro armonioso. Además, el mundo de los taínos _____[9] (estar) basado en una cosmología diferente a la de los europeos. Los mitos, las historias y las tradiciones de los taínos _____[10] (transmitirse) a través de bailes ceremoniales llamados *areytos*. A los españoles les sorprendió que los indígenas _____[11] (utilizar) prácticas paganas en sus ritos. Dadas sus diferencias religiosas, claro que _____[12] (ser) dudoso que los españoles y los taínos _____[13] (intercambiar) expresiones culturales en ese momento de la historia.

¡No te equivoques! Significados de la palabra *time*

tiempo	*time (undetermined period)*	¡Cómo pasa el **tiempo**! Cuando tengas **tiempo,** me gustaría hablar contigo.
hora la hora de	*hour* *time* (by the clock) *the moment or time to/for something*	Sesenta minutos son una **hora.** ¿Qué **hora** es? Es **la hora de** trabajar.
rato	*while, short period of time*	Vuelvo en un **rato.**
vez a veces	*time, occasion* *sometimes*	Esta **vez** no digas nada. Lo hice una sola **vez.** **A veces** me llama cuando necesita dinero.
época/tiempos	*old times*	En esa **época** / En esos **tiempos** yo era muy pequeña.

☒ **PRÁCTICA** Imagínate que tu trabajo es doblar (*dubbing*) películas al español. Estas son algunas de las frases de películas en inglés que debes doblar para las versiones hispanas. Indica la mejor traducción para cada caso.

1. *I only fell in love one time, and it was with you.*

    a. Sólo me he enamorado una vez y fue de ti.

    b. Sólo me he enamorado un tiempo y fue de ti.

2. *Let's go! It's time to win this game.*

    a. ¡Vamos! Es hora de ganar este partido.

    b. ¡Vamos! Es tiempo de ganar este partido.

3. *In those times, I couldn't understand the meaning of the word love.*

    a. En aquellas horas, no podía entender el significado de la palabra amor.

    b. En aquella época, no podía entender el significado de la palabra amor.

4. *How many times do I have to tell you that I cannot live like this?*

    a. ¿Cuánto tiempo tengo que decirte que no puedo vivir así?

    b. ¿Cuántas veces tengo que decirte que no puedo vivir así?

5. *I don't care what time it is!*

    a. ¡No me importa la hora que es!

    b. ¡No me importa el tiempo que hace!

MÁS personal

ACTIVIDAD 1   **La fotografía**   Escribe un breve párrafo sobre esta fotografía incluyendo cinco palabras de la sección **Palabras.** Sé creativo/a.

_____

_____

_____

_____

ACTIVIDAD 2   **¿Cuánto sabes de historia?**   Completa las siguientes oraciones de manera lógica, según lo que sabes de historia.

1. Los aztecas fueron un gran imperio hasta que...

   _____

2. Colón sabía que podría llegar a otro continente por el este con tal que...

   _____

3. Los Reyes Católicos de España le dieron dinero a Colón para que...

   _____

4. Yo vine a la universidad para...

   _____

5. Me gustaría hablar español como si...

_____

ACTIVIDAD 3   **Situaciones hipotéticas**   Escribe tres situaciones con respecto a los temas que se ofrecen usando cláusulas con **si** y el imperfecto de subjuntivo.

Ejemplo: tu vida en la universidad ⟶

Si no hubiera cursos de requisito en la universidad, no tomaría ninguna clase de matemáticas.

1. tu vida en la universidad

_____

2. tu vida familiar

_____

3. tu vida social y sentimental

_____

4. tu país

_____

Práctica auditiva

Pronunciación y ortografía

Las letras c, z y s

As you learned in **Capítulo 5,** when the letter **c** is followed by **-a, -o,** or **-u,** it produces the /k/ sound. The letter combinations **c + e/i** and **z + a/o/u** are pronounced differently in Latin American countries than they are in most of Spain. Latin American speakers of Spanish pronounce both of these letter combinations as /s/, just like the letter **s.** Many Spaniards produce these combinations as /θ/, which is the sound of the **th** in the word *through.** In no dialect of Spanish do you pronounce the **z** like the English /z/ in *zoo* or *buzz.* The letter **s** is pronounced similarly with all vowels. There is some regional variation, but it does not usually present difficulty in comprehension.

*The existence of two different sounds for **c, z,** and **s** has to do with the different evolutions of the Spanish language in its different regions. Despite the common myth, it has nothing to do with a Spanish lisping king.

Spelling tip   The letter **z** never appears in front of **e** or **i,** unless it is a word that is foreign to Spanish. Therefore, words ending in **z** must change the **z** to a **c** when **-es** is added in the plural form:

nuez ⟶ nueces   paz ⟶ paces

If you are exposed primarily to Latin American Spanish rather than the Spanish of Spain, words such as **taza** (*mug*) and **tasa** (*rate*) sound the same. In this case, you will have to depend on your knowledge of the written language and the context to know the meaning of words that contain **c, z,** and **s.**

ACTIVIDAD 1   **Escucha y repite**   Escucha y repite las siguientes palabras intentando reproducir las variaciones regionales de pronunciación. Vas a escuchar cada palabra dos veces.

Paso 1   Vas a escuchar las palabras pronunciadas como se pronuncian en ciertas regiones de España.

1. zapato

2. cazo

3. azúcar

4. felices

5. cínico

Paso 2   Ahora vas a escuchar las mismas palabras pronunciadas como se pronuncian en Latinoamérica y en partes del sur de España.

1. zapato

2. cazo

3. azúcar

4. felices

5. cínico

ACTIVIDAD 2   Español peninsular

Paso 1   Repite las siguientes palabras. Vas a escucharlas dos veces.

1. tapiz   6. cazador

2. solaz   7. casaron

3. conmoción   8. lesión

4. zarpazo   9. lección

5. sargazo   10. cesto

* Paso 2   Haz un círculo en la palabra que escuches. Vas a escuchar cada palabra dos veces.

Ejemplo: Ves: tasa   taza

              Escuchas: *taza*

              Haces un círculo: tasa   (taza)

 1. caza   casa

 2. cazo   caso

 3. zumo   sumo

 4. pace   pase

 5. cita   sita

 6. pazo   paso

 7. azulado   a su lado

 8. hace   ase

 9. matiz   *Matisse*

10. cocer   coser

* ACTIVIDAD 3   Español latinoamericano: Dictado   Llena los espacios en blanco con las palabras que faltan. Vas a escuchar cada oración dos veces.

1. Una de las diez capitales es La _____.

2. Marcela no quiere _____ todavía.

3. Azucena Álvarez trabaja en La Casa de las _____.

4. _____ González no quiere cazar porque no desea matar animales.

5. No hay un solo _____.

6. _____ lo que quieras.

7. Dicen que son muy _____.

8. Luz conduce mejor que _____, pero yo conduzco peor.

* Cultura   De la historia a la ficción: El Cid Campeador

Escucha el texto y completa la actividad que
sigue. Vas a escuchar el texto dos veces.

Vocabulario útil

caballero	*knight*
castellano	*adjetivo que significa «de Castilla», uno de los reinos medievales de la península Ibérica antes de la unificación de lo que hoy es España*
nobleza	*nobility*
personaje	*character*
reinado	*reign*
trono	*throne*

Rodrigo Díaz de Vivar, El Cid

¿Entendiste? Completa el resumen del texto que
acabas de oír con la información necesaria.

El *Cantar del Mío Cid* es el _____[1] medieval más antiguo de la literatura
española. Su protagonista es un hombre _____,[2] Rodrigo Díaz, que nació
aproximadamente en el año _____.[3] El _____[4] le ordenó que se casara
con Ximena, una mujer de la nobleza del _____[5] de León para reconciliar los
reinos de _____[6] y León.

El Cid, como Rodrigo Díaz es conocido, conquistó y gobernó la _____[7] de
Valencia y luchó contra los _____,[8] que estaban en la Península Ibérica desde el
siglo _____[9] (números romanos). Murió en el año _____.[10]

Circunlocución: Cuando no conocemos la palabra exacta

Empareja cada una de las tres definiciones que vas a escuchar con el dibujo y palabra correspondientes. Vas a escuchar cada definición dos veces. Luego escribe tu propia definición de la última palabra.

Las palabras de esta sección representan cuatro prendas tradicionales de vestir de diferentes países o regiones del mundo hispanohablante. Es muy posible que las hayas visto antes.

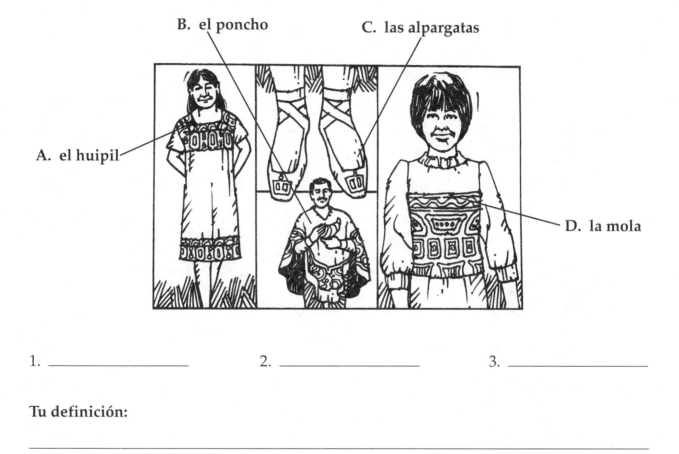

1. _____   2. _____   3. _____

Tu definición:

_____

_____

Los tiempos coloniales: Después del encuentro entre América y España

11

Práctica escrita

Palabras

☒ ACTIVIDAD 1   **Lugares**

Paso 1   Escribe el nombre del lugar que asocias con cada objeto.

1. una carta   _____

2. una corona (*crown*)   _____

3. la producción de café   _____

4. los planos de la ciudad   _____

5. el oro   _____

6. una torre con campanas   _____

7. una capilla (*chapel*)   _____

8. torres de defensa   _____

Paso 2   Ahora selecciona el edificio o lugar del **Paso 1** con el que más asocias a las siguientes personas. Puede haber más de una persona asociada con un edificio.

1. una alcaldesa   _____

2. un colono   _____

3. un criollo   _____

4. un emperador   _____

5. un esclavo   _____

6. un(a) cartero/a (*mail carrier*)   _____

7. un obispo (*bishop*)   _____

8. un monje   _____

9. una monja   _____

[*] **ACTIVIDAD 2**   **Definiciones**   Di a qué estilos artísticos de los que se encuentran en la sección **Palabras** pertenecen las siguientes definiciones adaptadas del *Diccionario de la Lengua Española*.

Ejemplo: Perteneciente o relativo a la colonia: <u>colonial</u>

1. Perteneciente o relativo a la época que comienza a mediados del siglo XV, en que se despertó en Occidente vivo entusiasmo por el estudio de la antigüedad clásica griega y latina: _____

2. Perteneciente o relativo al movimiento literario y artístico que intenta sobrepasar lo real impulsando con automatismo psíquico lo imaginario y lo irracional, muchas veces asociado con Salvador Dalí: _____

3. Dícese (*Said*) del arte y los artistas que no pretenden representar seres ni cosas concretos y atienden solo a elementos de forma, color, estructura, proporción, etcétera: _____

4. Perteneciente o relativo al sistema pictórico y escultórico que consiste en reproducir la naturaleza atendiendo más a (*focusing more on*) la impresión que produce que a ella misma: _____

5. Perteneciente o relativo a la corriente literaria y artística, dominante en Europa en la segunda mitad del siglo XVIII, la cual aspira a restaurar el gusto y la norma del clasicismo: _____

6. Aplícase (*Applies*) a lo excesivamente recargado (*overloaded*) de adornos: _____

☒ ACTIVIDAD 3   **Mi antiguo colegio**   Completa el siguiente párrafo con las palabras apropiadas de la lista.

altar	bella	bóveda	columnas	escalera
fachada	hermosas	neoclásico	piso	torre

El colegio donde yo estudié es un edificio de estilo _____,[1] pero las

ventanas y las puertas de la _____[2] no son las originales. La parte más

_____[3] de mi antiguo colegio es la _____[4] de mármol para subir

al segundo _____.[5] Desde allí, se pueden ver por las ventanas las campanas

de la alta _____[6] de la iglesia de San Buena Ventura. Esta iglesia tiene un

_____[7] dorado (*gold*) y cuatro gruesas (*thick*) _____[8] sobre las que

hay una _____[9] decorada con _____[10] pinturas.

Estructuras

25. El pasado perfecto o pluscuamperfecto de subjuntivo

☒ ACTIVIDAD 1   **Otra versión de la historia**   Completa las oraciones con la forma correcta del pluscuamperfecto de subjuntivo.

1. El Inca Garcilaso no habría escrito los *Comentarios Reales* si no _____ (crecer) entre los incas y los españoles.

2. No conoceríamos tantos detalles de la Conquista si los españoles no _____ (escribir) los relatos de los viajes.

3. Sor Juana Inés de la Cruz probablemente no habría sido una escritora tan famosa si _____ (casarse) como las demás mujeres de su época.

4. Los dominicanos hablarían francés si los españoles no _____ (dominar) la mitad de la isla Española, que hoy es Haití y la República Dominicana.

5. Los puertorriqueños no serían ciudadanos estadounidenses si los Estados Unidos no _____ (invadir) la isla en 1898.

* **ACTIVIDAD 2** **Incidentes de la historia colonial** Completa las siguientes oraciones con la forma correcta del pluscuamperfecto de subjuntivo o de indicativo.

Ejemplo: Parece increíble que los españoles _hubieran establecido_ (establecer) tres universidades en las nuevas ciudades americanas para mediados del siglo XVI.

1. Los taínos del Caribe desaparecieron antes de que _____ (contar) su versión del encuentro con los españoles.

2. Los españoles pensaron que era necesario importar esclavos de África porque ya _____ (morir) muchos indígenas.

3. Hubo indígenas que aprendieron a hablar español como si _____ (nacer) en España.

4. Los historiadores lamentaron que no todos los indígenas _____ (desarrollar) algún tipo de escritura.

5. En el siglo XX, los antropólogos habrían interpretado mejor la cultura de los indígenas si _____ (encontrar) más pruebas.

6. Los abolicionistas buscaban a esclavos que _____ (vivir) los horrores de la esclavitud.

7. Es fácil imaginar que el Rey de España tuvo problemas aceptando que los criollos _____ (empezar) a sentirse más americanos que españoles en el siglo XVIII.

ACTIVIDAD 3 **Deseos**

* Completa los siguientes deseos, basados en las situaciones que los preceden. Recuerda que debes utilizar el presente de subjuntivo para los deseos posibles, el imperfecto de subjuntivo para los deseos poco probables y el pluscuamperfecto de subjuntivo para los deseos imposibles.

Ejemplo: No encuentro el cuaderno de la clase de historia colonial. (deseo posible)
Ojalá que lo _encuentre_ pronto.

1. Deseo ingresar al programa graduado de una universidad prestigiosa. (deseo poco probable)

   Ojalá que _____ al programa de la Universidad de Yale.

2. La conquista destruyó parte de la arquitectura indígena. (deseo imposible)

   Ojalá que no _____ parte de la arquitectura.

3. Los indígenas nunca han tenido los mismos derechos que los demás empleados. (deseo poco probable)

   Ojalá que _____ los mismos derechos.

4. No creo que puedas terminar de leer el libro en tan poco tiempo. (deseo poco probable)

   Ojalá que _____ terminar de leerlo antes del examen.

5. El tráfico de esclavos causó la muerte de miles de africanos. (deseo imposible)

   Ojalá que no _____ la muerte de tantos seres humanos.

6. Tienes que llegar antes de las 5:00 para entregar la solicitud. (deseo posible)

   Ojalá que _____ a tiempo.

26. El condicional perfecto

[*] **ACTIVIDAD 1** **Situaciones hipotéticas sin realizar** Completa las siguientes oraciones hipotéticas en el pasado con la forma correcta del condicional perfecto o el pluscuamperfecto de subjuntivo de los verbos que están entre paréntesis.

1. Me _____ (alegrar) de que los estudiantes hubieran hecho ese viaje.

2. Habría sido una lástima que tú no _____ (visitar) la ciudad colonial.

3. A la profesora le habría sorprendido que nosotros _____ (recordar) todas las fechas de los viajes de Colón.

4. Al guía le _____ (gustar) que los turistas hubieran admirado la arquitectura de la ciudad.

5. Habría sido preciso (*necessary*) que los estudiantes _____ (observar) los detalles barrocos de la iglesia.

6. Aunque el problema hubiera sido difícil, nosotros lo _____ (solucionar).

7. Habría ido con Uds. con tal que nosotros _____ (regresar) temprano.

8. El diplomático _____ (necesitar) un programa de inmersión en el que le hubieran enseñado a hablar español mucho mejor.

* ACTIVIDAD 2   **La historia habría sido otra si...**   Completa las oraciones con las formas apropiadas del pluscuamperfecto de subjuntivo y el condicional perfecto de los verbos que están entre paréntesis.

Ejemplo: Si Cristóbal Colón no _hubiera pedido_ (pedir) financiamiento a los Reyes Católicos, no _habría comenzado_ (comenzar) la conquista en el siglo XV.

1. Si los franceses _____ (llegar) antes que los españoles a América, las colonias _____ (luchar) por la independencia de Francia.

2. Los españoles no _____ (poder) sobrevivir los ataques de los extranjeros si no _____ (construir) los fuertes (*forts*).

3. Si los virreinatos se _____ (mantener), España _____ (desarrollar) el imperio más poderoso de Europa.

4. Sor Juana Inés de la Cruz no _____ (ganar) apoyo para escribir sus obras si no _____ (conocer) a los virreyes.

5. Si los españoles no _____ (estar) influidos por las ideas de la Contrarreforma, _____ (reaccionar) de manera diferente ante las creencias religiosas de los indígenas.

* ACTIVIDAD 3   **El corsario Miguel Henríquez**   Completa el párrafo con la forma correcta del imperfecto o pluscuamperfecto de subjuntivo, o del condicional perfecto de los verbos que están entre paréntesis.

Cuando el profesor nos pidió que _____[1] (investigar) sobre los corsarios (*privateers*) del Caribe, nunca pensé que _____[2] (existir) una historia tan fascinante como la de Miguel Henríquez. Me parece muy interesante que un zapatero mestizo _____[3] (convertirse) en un hombre de mucho poder durante el siglo XVIII en Puerto Rico. De hecho, Henríquez llegó a ser uno de los hombres más ricos de la isla, y es muy probable que _____[4] (hacer) su fortuna gracias al contrabando (*smuggling*). Pero es lógico imaginar que los españoles _____[5] (apoyar) a Henríquez en sus negocios a cambio de (*in exchange for*) protección contra los ataques extranjeros. Durante una de las invasiones de los ingleses, Henríquez organizó una expedición y le pidió a un grupo de negros libres que lo _____[6] (acompañar) a defender la isla. Es curioso que el inteligente y bravo Henríquez _____[7] (morir) sin fortuna y de manera misteriosa. Ojalá que yo _____[8] (descubrir) esta historia antes. Si la _____[9] (saber) antes, _____[10] (escribir) el ensayo final de la clase sobre la participación de Miguel Henríquez en la historia colonial del Caribe.

[*] **AUTOPRUEBA**   **José de San Martín**   Completa el siguiente texto con la forma correcta de los verbos que están entre paréntesis en el tiempo y modo apropiados: subjuntivo o indicativo, imperfecto o pretérito, pluscuamperfecto o condicional perfecto. Cuando hay dos espacios consecutivos en blanco, escribe un tiempo compuesto.

José de San Martín _____[1] (nacer) en 1778 en Uruguay, cuando el país

todavía _____[2] (depender) del virreinato del Río de la Plata. San Martín

_____[3] (entrar) en el ejército muy joven y _____[4] (obtener) los

rangos de capitán, coronel y comandante de regimiento. _____[5] (tener) ideas

liberales y _____[6] (querer) que los españoles _____[7]

(conceder) la independencia a las colonias de América del Sur. Si los españoles no

_____ _____[8] (perder) contra los independentistas en 1813,

San Martín no _____ _____[9] (cruzar) los Andes para vencerlos

en Chile y en el Perú. En la Argentina, San Martín _____[10] (exigir) a los

diputados del Congreso de Tucumán que _____[11] (declarar) la independencia

de las Provincias Unidas de América del Sur. Finalmente, el ejército de San Martín

_____[12] (liberar) Chile, el Perú y la Argentina. Pero él _____[13]

(saber) que para ganar la guerra contra los españoles era necesario que _____[14]

(ponerse) en contacto con Simón Bolívar. Ambos libertadores _____[15]

(reunirse) en Guayaquil en 1822 para discutir la posibilidad de que _____[16]

(unirse) el Perú y la Gran Colombia en una sola nación. Si eso _____

_____[17] (ocurrir), San Martín y Bolívar _____ _____[18]

(contar) con dos ejércitos. Pero fue una lástima que los libertadores no _____[19]

(lograr) un acuerdo. Finalmente, San Martín se retiró de la política y _____[20]

(morir) de manera repentina en Francia en 1850.

¡No te equivoques!   Cómo se expresa *to ask*

pedir	*to ask for (something), request, order*	**Pides** mucho, ¿no crees? Me gustaría **pedir** un favor. Voy a **pedir** una hamburguesa. ¿Tú, qué **pides**?
preguntar	*to ask (as a question)* (**¡OJO!** The noun pregunta cannot be used as the direct object of this verb.)	El profesor le **preguntó** el nombre.
hacer una pregunta	*to ask a question*	¿Puedo **hacerle una pregunta**?
preguntar por	*to inquire about; to ask after*	Me **preguntó por** mi familia.
preguntar si	*to ask whether*	**Pregúntale si** quiere salir hoy.
preguntarse	*to wonder (lit. to ask oneself)*	**Me pregunto** cuántas personas van a estar en la fiesta.

[*] PRÁCTICA   Completa el párrafo con el infinitivo o el presente de indicativo del verbo apropiado del cuadro.

1. En clase hay estudiantes que _____ muchas preguntas y otros que no
_____ nada nunca. El maestro siempre nos dice que podemos _____
todo lo que no entendamos, y siempre nos _____ si todo está claro. Muchas
veces explica las cosas dos o tres veces. Y yo _____ si el maestro no está
cansado de repetir todo varias veces.

2. Solo te quiero _____ una cosa: que no hables de esto con nadie.

3. La pobre tía Clara siempre me _____ por mi abuela, porque no se acuerda de
que murió. Siempre me _____ que llame a mi abuela para hablar con ella.

MÁS personal

ACTIVIDAD 1   **La historia de tu ciudad**   Escribe un párrafo sobre los comienzos de tu ciudad. ¿Quiénes la fundaron? ¿Cuáles son los edificios más representativos? ¿De qué época y estilo son? Describe uno. Intenta incorporar el mayor número posible de vocabulario de la sección **Palabras.**

_____

_____

_____

_____

ACTIVIDAD 2   **Deseos personales**   Usa **ojalá** para expresar tres deseos relacionados con tu vida familiar o universitaria. Un deseo debe ser posible, otro poco probable y otro imposible en el tiempo pasado.

Ejemplo: *Ojalá mi hermana **venga** a visitarme este fin de semana.* (posible)

*Ojalá mis notas **fueran** mejores el próximo semestre.* (poco probable)

*Ojalá **hubiera tenido** más tiempo para visitar a mis abuelos el pasado fin de semana.*

(imposible, pasado)

1. Deseo posible: _____

2. Deseo poco probable: _____

3. Deseo imposible: _____

Práctica auditiva

Pronunciación y ortografía

Las letras b *y* v

In Spanish, **b** and **v** are pronounced the same. At the beginning of a word or phrase, or following **m** and **n,** they are pronounced like the English [b] (*boy*). This is known as a bilabial occlusive: both lips stop the flow of air coming through your mouth.

In all other contexts, they are produced with the fricative sound [ƀ], produced when both lips are very close but do not close completely. This sound has no exact counterpart in English.

Spelling tip Because **b** and **v** sound the same, it is necessary to learn the spelling of words that contain them. When there are words only differentiated by the letters **b** and **v,** the context usually makes it clear:

cabo: Vivo cerca de Cabo Cañaveral.

cavo (*I dig*): ¡No cavo más! ¡No me importa si hay un tesoro!

¡OJO! Like English, **b** is never preceded by the letter **n** within a word.

ACTIVIDAD 1 **Escucha y repite**

Paso 1 Escucha y repite los siguientes ejemplos de la **b** oclusiva, [b]. Vas a escuchar cada ejemplo dos veces.

1. **B**uenos Aires

2. Colom**b**ia

3. **V**enezuela

4. tan **v**erdadero

Paso 2 Escucha y repite los siguientes ejemplos de la **b** fricativa, [ƀ]. Vas a escuchar cada ejemplo dos veces.

1. la **v**erdad

2. hasta **B**olivia

3. No me gusta**b**a.

4. ¿**V**íctor se **v**a?

[*] ACTIVIDAD 2   **Pronunciación e identificación**   Repite cada palabra que escuches y señala el sonido que produce cada **b** o **v.** Vas a escuchar cada palabra dos veces.

Ejemplo: Escuchas: *Colombia*   ([b])   [b̵]   [b]   [b̵]

1. [b]   [b̵]

2. [b]   [b̵]

3. [b]   [b̵]

4. [b]   [b̵]

5. [b]   [b̵]

6. [b]   [b̵]

7. [b]   [b̵]

8. [b]   [b̵]

9. [b]   [b̵]

[*] ACTIVIDAD 3   **Dictado**   Escucha las oraciones y escribe las palabras que faltan. Vas a escuchar cada oración dos veces.

1. Tráele _____ al _____.

2. Me encanta su _____.

3. Apaga el _____ en clase.

4. No quiero _____ en la ensalada.

5. Tiene _____ _____ más.

6. Las _____ producen la miel.

7. El _____ español se llama Juan Carlos I.

8. El título de _____ es solo para los _____.

9. ¿No _____ hoy?

10. No te pongas esas _____.

Cultura   Alejo Carpentier: Escritor barroco del siglo XX

Alejo Carpentier

Escucha el texto y completa la actividad que sigue. Vas a escuchar el texto dos veces.

¿Entendiste?   Completa el resumen del texto que acabas de oír con la información necesaria.

Alejo Carpentier _____[1] en La Habana en 1904. Después de vivir once años en

_____[2] y catorce en _____,[3] regresó a _____.[4] Esta ciudad era

para él el lugar perfecto para escribir novelas. En sus narraciones, Carpentier incorporó

la investigación _____[5] que hizo durante sus viajes por el _____[6] sobre

museos, música, _____,[7] etcétera. Además, él quería traer a la _____[8] una

visión de la identidad americana centrada en la experiencia _____.[9] Carpentier

pensaba que el barroquismo en los latinoamericanos es cosa que viene del mundo en que

viven: de las _____,[10] de los templos precortesianos y del ambiente en general.

⁎ Circunlocución: Cuando no conocemos la palabra exacta

Empareja cada una de las tres definiciones que vas a escuchar con el dibujo y palabra correspondientes. Vas a escuchar cada definición dos veces. Luego escribe tu propia definición de la última palabra.

En esta sección se van a definir palabras que tienen que ver con una ciudad.

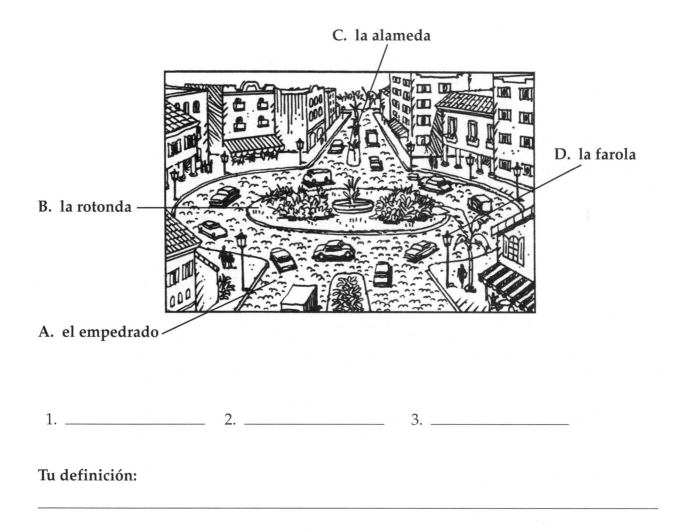

C. la alameda

D. la farola

B. la rotonda

A. el empedrado

1. _____ 2. _____ 3. _____

Tu definición:

_____

_____

La democracia: ¡Presente!

12

Práctica escrita

Palabras

ACTIVIDAD 1 **Cada oveja con su pareja** Empareja una palabra o expresión de la columna A con una de la columna B.

A	B
_____ 1. elección	a. represión
_____ 2. golpe de estado	b. en conclusión
_____ 3. TLC	c. plebiscito
_____ 4. referéndum	d. candidato
_____ 5. finalmente	e. tratado

ACTIVIDAD 2 **¿Qué se ve?** Completa las siguientes descripciones con las palabras necesarias de la lista.

afiche	constitución	elecciones	firmar	gobiernos	golpe
ministros	plebiscito	represión	senado	senadores	tratado

El _____[1] es un lugar muy importante en un país democrático. En él se toman decisiones que protegen la _____.[2] Los _____[3] representan la voz del pueblo y deben ganar _____[4] para conseguir su puesto.

Estos hombres son los _____[5] de Relaciones Internacionales de sus respectivos países. En este acto están representando a sus _____[6] para _____[7] un importante _____[8] económico.

Esto es un _____[9] de una campaña contra la _____.[10] En este país hubo un _____[11] de estado hace unos años y los ciudadanos quieren un _____[12] para volver a la democracia.

Rebélate con tu voto: di NO a la censura".

* **ACTIVIDAD 3**   **El referéndum**   Completa el párrafo con las palabras de la lista.

| a pesar | beneficiar | candidata | carteles | constitución |
| gobierno | Ministra | referéndum | sin embargo | |

Mi país tendrá un _____[1] para saber si los ciudadanos están de acuerdo con hacer una enmienda (*amendment*) a la _____.[2] La _____[3] a presidente del Partido Progresista, que fue _____[4] de Trabajo en el _____[5] del Presidente Sánchez, hablará mañana en mi universidad sobre esos cambios. Por eso la universidad se ha llenado de _____[6] pidiendo el voto afirmativo.

_____,[7] yo todavía no sé si hacer cambios es algo que pueda _____[8] nuestra constitución, _____[9] de que siempre voto por el Partido Progresista.

Estructuras

27. La voz pasiva

[*] ACTIVIDAD 1   Oraciones pasivas   Completa las oraciones con la forma correcta del pretérito de la voz pasiva de uno de los verbos de la lista.

aprobar   construir   discutir   escribir   gobernar   proponer

Ejemplo: La casa *fue construida* por el mejor arquitecto de la ciudad.

1. El tratado _____ por los miembros de las organizaciones internacionales en la reunión pasada.

2. Las leyes _____ por los abogados.

3. El país _____ por un dictador durante 30 años.

4. Estas iglesias _____ por los españoles.

5. El libro _____ por un grupo de profesores el semestre pasado.

6. La estudiante _____ para una mención de honor en el departamento.

[*] ACTIVIDAD 2   De activa a pasiva   Cambia las siguientes oraciones de la voz activa a la pasiva, respetando el tiempo del verbo y la concordancia entre sujeto y participio pasado.

Ejemplo: Los estudiantes compraron los libros sobre la globalización.

Los libros sobre la globalización *fueron comprados* por los estudiantes.

1. La presidenta recibió a los estudiantes.

   Los estudiantes _____ por la presidenta.

2. El senador apoyará la petición de los ciudadanos.

   La petición de los ciudadanos _____ por el senador.

3. El gobernador elige el gabinete.

   El gabinete _____ por el gobernador.

4. La profesora presentó el libro sobre política latinoamericana.

   El libro sobre política latinoamericana _____ por la profesora.

5. Los partidos convocarán la participación del pueblo.

   La participación del pueblo _____ por los partidos.

6. Los legisladores demócratas apoyaron la ley.

   La ley _____ por los legisladores demócratas.

*ACTIVIDAD 3   Dilo de otra manera

Paso 1   Reescribe con **se** las siguientes oraciones. **¡OJO!** No se menciona el agente de la acción con esta estructura.

Ejemplo: El proceso del referéndum fue observado por otros países.

   Se observó el proceso del referéndum.

1. El presupuesto fue revisado por los legisladores.

   _____

2. Las cartas fueron redactadas por la secretaria.

   _____

3. Los sublevados fueron arrestados por la policía.

   _____

4. El tratado fue firmado por los representantes de los países.

   _____

5. La obra maestra fue admirada por todos.

   _____

Paso 2   Reescribe las oraciones del **Paso 1** con el verbo en la tercera persona plural, otra manera de impersonalizar la oración.

Ejemplo: El proceso del referéndum fue observado por otros países.

   Observaron el proceso del referéndum.

1. _____

2. _____

3. _____

4. _____

5. _____

28. El subjuntivo en cláusulas independientes

[*] **Actividad 1**   **¿Qué se diría?**   Empareja la situación de la columna A con la expresión más apropiada de la columna B.

A	**B**
_____ 1. Salgo de viaje para Europa.	a. ¡Que en paz descanse!
_____ 2. Vamos al concierto esta noche.	b. ¡Que tengas buen viaje!
_____ 3. Mi hermana tiene un fuerte resfriado.	c. ¡Que le vaya bien!
_____ 4. Mi abuelo murió anoche.	d. ¡Que lo pasen bien!
_____ 5. Héctor tiene una entrevista de trabajo.	e. ¡Que se mejore!

[*] **AUTOPRUEBA**   **Una cultura de paz en Latinoamérica**   Completa los siguientes párrafos con la forma correcta de los verbos que están entre paréntesis en el presente o en el pretérito de la voz pasiva o usando el **se** reflexivo o el **se** impersonal.

La cultura de paz se _____[1] (definir) como una serie de actitudes y valores a través de los cuales se _____[2] (fomentar) el respeto a los derechos humanos, la democracia, la tolerancia, la diversidad cultural y la reconciliación. El programa «Cultura de paz» _____[3] (crear) por la UNESCO en 1992. Con este proyecto no sólo se _____[4] (buscar) conseguir la paz en países que _____[5] (afectar) por conflictos de guerra, sino que también se _____[6] (intentar) prevenir ese tipo de conflicto en cualquier territorio. Este programa afecta a Latinoamérica, donde se _____[7] (tener) que poner más vigor en las acciones para fomentar la paz.

En la primera mitad del siglo XX, la consolidación de los gobiernos democráticos _____[8] (amenazar) por una fuerte inestabilidad política. Los conflictos violentos han disminuido en la zona desde finales del siglo XX, ya que _____⁹ (firmar) importantes acuerdos de paz entre los gobiernos de Nicaragua, Guatemala, El Salvador y las Naciones Unidas en las últimas décadas. Sin embargo, todavía se _____¹⁰ (manifestar) en las sociedades latinoamericanas una violencia difícil de combatir: la pobreza. Se _____¹¹ (hablar) sobre el tema en las cumbres presidenciales, se _____¹² (discutir) en reuniones de expertos, pero en la realidad la situación se _____¹³ (mantener) como un serio problema de exclusión social y marginalidad política. Parece que no se _____¹⁴ (comprender) que el problema de la pobreza no se _____¹⁵ (resolver) con la asignación de más fondos especiales. Es evidente que no se _____¹⁶ (necesitar) más acuerdos y declaraciones sino una acción dirigida a negociaciones entre países latinoamericanos, organismos regionales e internacionales. Los procesos de integración se _____¹⁷ (presentar) como las alternativas a seguir para así asegurar una verdadera cultura de paz en Latinoamérica.

¡No te equivoques!   Cuándo usar *ir, venir, llevar* y *traer*

ir	*to go, to come* (speaker is not in the place where the action of going is directed; unlike English, in which the point of reference can also be the interlocutor, as in *I'm coming to meet you*)	¿Me estás llamando? Ya **voy**. Juan **va** al cine todos los domingos.
venir	*to come* (speaker is in the place where the action of coming is directed; also expresses the fact of accompanying someone to another place)	Juan, quiero que **vengas** enseguida. María **viene** mucho a visitarme a casa. Los inmigrantes **vienen** a nuestro país buscando mejores condiciones de vida. Voy de compras. ¿**Vienes** conmigo?
traer	*to bring* (like **venir**, used only to express moving something to the speaker's location)	María, ¿me **traes** un vaso de agua, por favor? Los inmigrantes **traen** consigo a nuestro país una rica herencia cultural.
llevar	*to take; to bring* (like **ir**, used to express moving something to a location that the speaker does not occupy; unlike English, location of interlocutor is not relevant)	María, **lleva** los platos a la cocina. (*Neither the speaker nor María is in the kitchen.*) José, cuando vaya a tu casa, ¿quieres que **lleve** el postre? (*Speaker is not at José's house.*)

* **PRÁCTICA**   Completa lo que dicen las siguientes personas, basándote en los dibujos.

1.

—_____ a casa de Belinda. Le _____ flores.

2.

—Cristián _____ a mi casa. ¡Me _____ flores!

3.

—_____ a los niños al colegio.

4.

—La mamá _____ a los niños al colegio.

MÁS personal

ACTIVIDAD 1   **La política**   Escribe una oración con cada una de las siguientes palabras de la lista.

compromiso   electoral   impuestos (sobre...)   perjudicar   sin embargo

1. _____

2. _____

3. _____

4. _____

5. _____

*ACTIVIDAD 2   **¿Qué dirías tú?**   ¿Qué dirías tú en las siguientes circunstancias? Expresa tus deseos con la construcción **que** + *subjuntivo*.

Ejemplo: Es el cumpleaños de tu compañero de cuarto.

Felicidades. ¡Que cumplas muchos más!

1. A tu mejor amigo le comunican que le han concedido una beca para estudiar en Buenos Aires el próximo año.

   _____

2. Necesitas hacer una llamada urgente y una persona desconocida te presta su teléfono móvil.

   _____

3. Tu profesor(a) de español está muy resfriado/a.

   _____

4. Un amigo te dice que tu compañero de casa dio una fiesta en tu ausencia y la casa es un desastre ahora: hasta teme hablar contigo.

   _____

5. Los padres de un buen amigo tuyo se van de viaje a Europa.

   _____

Práctica auditiva

Pronunciación y ortografía

Las letras y *y* ll: /y/

Very few Spanish dialects make a distinction between the sound of the **y** and the sound of the **ll,** as they did in old Spanish. However, the /y/ sound is pronounced differently in different regions. Probably the most distinctive pronunciation is the one by speakers from the area of Argentina and Uruguay—close to the sound of an English *s* in *pleasure*.

Since most everywhere there is no distinction between **y** and **ll,** one must learn the spelling of these words by heart. Here are examples of contrasting pairs, words that sound the same but are spelled differently.

haya	conjugation of the verb **haber;** a kind of tree; **La Haya** (*The Hague*)
halla	conjugation of the verb **hallar** (*to find*)
vaya	conjugation of the verb **ir**
valla	fence

Spelling tip   When immediately preceded by the letter **i** and immediately followed by an **a** or an **o,** this sound is represented with **ll,** as in the following examples: **silla, amarillo.**

ACTIVIDAD 1   Pronunciación e identificación   Lee cada palabra, escucha la pronunciación y repítela dos veces. Vas escuchar cada palabra dos veces.

1. vainilla

2. coyote

3. pillo

4. pasillo

5. lluvioso

6. lleno

7. cuyo

8. mellizo

9. raya

10. llama

* ACTIVIDAD 2   Dictado   Escucha las oraciones y escribe las palabras que faltan. Vas a escuchar cada oración dos veces.

1. Este hombre no es mi _____, es el _____.

2. Por favor, pásame el _____ y una _____.

3. ¡Mira cómo _____ esa _____!

4. ¡No seas _____!

5. Se _____ en diciembre y en _____ todavía le dolía la _____.

6. Estaba hablando _____ y él no se _____.

7. No pongas la _____ en la _____ de madera.

8. Mi tío _____ tiene un _____ _____.

9. No creo que _____ una tormenta con _____ y truenos (*thunder*).

10. El que guarda, _____.

⊡ Cultura   MERCOSUR: Nueva etapa política en América del Sur

Los países del MERCOSUR

Escucha el texto y completa la actividad que sigue. Vas a escuchar el texto dos veces.

Vocabulario útil

la medida   *measure, project*

fortalecer   *to strengthen*

¿Entendiste?   Completa el resumen del texto que acabas de oír con la información necesaria.

MERCOSUR significa «Mercado _____[1] del Sur». Los países que originalmente firmaron el _____[2] son Brasil, Argentina, Uruguay y _____,[3] pero recientemente se han unido Bolivia y _____.[4]

Los objetivos de MERCOSUR no son sólo económicos. También intenta integrar la visión _____[5] de las sociedades que forman parte del acuerdo. Estos países desean fortalecer los procesos _____[6] dentro de la región e integrar aspectos como la protección del _____,[7] el desarrollo de economías _____,[8] la _____[9] social y a lucha contra la _____.[10]

*Circunlocución: Cuando no conocemos la palabra exacta

Empareja cada una de las tres definiciones que vas a escuchar con el dibujo y palabra correspondientes. Vas a escuchar cada definición dos veces. Luego escribe tu propia definición de la última palabra.

Las palabras de esta sección tienen que ver con la economía.

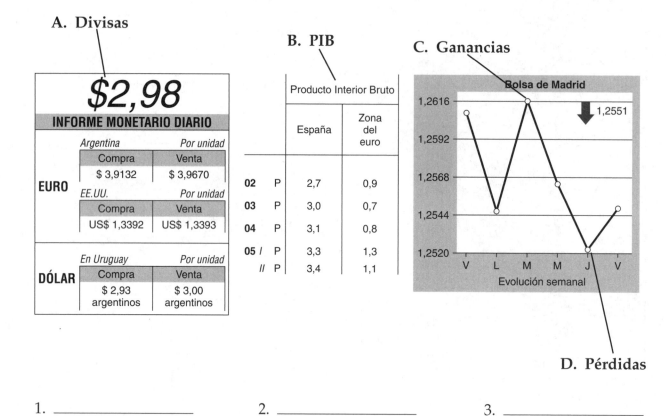

A. Divisas

$2,98

INFORME MONETARIO DIARIO

EURO	Argentina		Por unidad
	Compra		Venta
	$ 3,9132		$ 3,9670
	EE.UU.		Por unidad
	Compra		Venta
	US$ 1,3392		US$ 1,3393

DÓLAR	En Uruguay		Por unidad
	Compra		Venta
	$ 2,93 argentinos		$ 3,00 argentinos

B. PIB

Producto Interior Bruto

		España	Zona del euro
02	P	2,7	0,9
03	P	3,0	0,7
04	P	3,1	0,8
05 /	P	3,3	1,3
//	P	3,4	1,1

C. Ganancias

Bolsa de Madrid

1,2616
1,2592
1,2568
1,2544
1,2520

1,2551

V L M M J V

Evolución semanal

D. Pérdidas

1. _____   2. _____   3. _____

Tu definición:

_____

_____

Clave de respuestas

1: Cuestión de imagen

Práctica escrita

PALABRAS **Actividad 1:** 1. cana(s) 2. lentes de contacto 3. barba / bigote 4. ojos 5. cicatriz 6. sonrisa 7. pecas 8. calva **Actividad 2:** 1. c 2. a 3. c 4. b **Actividad 3:** 1. mentirosa 2. tímidos 3. antipático 4. conservadoras 5. seria 6. buen carácter 7. terco 8. egoísta

ESTRUCTURAS **1. El presente de indicativo Actividad 1:**

	cerrar	encender	mentir	oír	tener	venir
yo	cierro	enciendo	miento	oigo	tengo	vengo
tú	cierras	enciendes	mientes	oyes	tienes	vienes
vos	cerrás	encendés	mentís	oís	tenés	venís
él	cierra	enciende	miente	oye	tiene	viene
nosotros	cerramos	encendemos	mentimos	oímos	tenemos	venimos
vosotros	cerráis	encendéis	mentís	oís	tenéis	venís
ellas	cierran	encienden	mienten	oyen	tienen	vienen

Actividad 2: 1. canta 2. preparo 3. corren/corréis 4. habla 5. escriben/escribís 6. vive 7. bebes 8. escuchan 9. toca 10. bailamos 11. comen

2. Cómo se expresa *to be* **Actividad 1:** 1. es 2. estamos 3. es 4. es 5. estás 6. está 7. Es 8. están 9. es 10. es **Actividad 2:** 1. tienes 2. Hay 3. hace 4. Tenemos 5. tienen 6. tiene 7. tiene 8. hay 9. Hace 10. Hay **Actividad 3:** 1. hay 2. es 3. es; son 4. tienen 5. tiene 6. Hay 7. Hace

3. Comparaciones Actividad 1: 1. tan; como 2. tantos; como 3. tantas; como 4. tan; como 5. tantas; como **Actividad 2:** 1. menos; que 2. menor que 3. más; que 4. mejor que 5. más; que **Actividad 3:** 1. más; que 2. de; más; que 3. más 4. tanto como 5. más; que 6. tantas; como

Autoprueba: 1. hay 2. refiere 3. está 4. implican 5. mejor 6. más 7. que 8. prefieren 9. es 10. Tanto 11. como 12. identifica

¡No te equivoques! Práctica: 1. sabe 2. sé 3. Conozco 4. conocí

Práctica auditiva

Cultura: 1. puertorriqueña 2. veinte 3. estadounidenses 4. producción 5. 60 6. 70
7. centroamericanos 8. estudiantes 9. culturas

Circunlocución: 1. D 2. C 3. A

2: «Yo soy yo y mis circunstancias»

Práctica escrita

PALABRAS **Actividad 1:** 1. c 2. e 3. f 4. a 5. b 6. d **Actividad 2:** 1. compañero
2. generación 3. pertenecemos 4. equipo 5. formamos parte 6. asociación 7. partido
8. creencias 9. agnóstico 10. amistad **Actividad 3:** 1. calificación 2. facultad 3. horario
4. beca 5. horario 6. fe

ESTRUCTURAS **4. Los pronombres de objeto directo e indirecto Actividad 1:** 1. La
2. lo / lo 3. los 4. las / las 5. te 6. la **Actividad 2:** 1. que Jaime se va a presentar para
presidente 2. la razón 3. los exámenes 4. a mí 5. las compañeras de casa **Actividad 3:**
1. les 2. Te; me 3. le 4. Nos 5. le 6. les **Actividad 4:** 1. Se lo busco 2. le enviamos
3. se la envió 4. Va a recibirla 5. le enviaron 6. Los puse 7. Podría hacerme / Me podría
hacer 8. se las hago

5. Los reflexivos Actividad 1:

	yo	tú	vos	él/ella/Ud.	nosotros	vosotros	ellos/Uds.
acostarse	me acuesto	*te acuestas*	*te acostás*	*se acuesta*	*nos acostamos*	*os acostáis*	*se acuestan*
dormirse	*me duermo*	*te duermes*	*te dormís*	*se duerme*	nos dormimos	*os dormís*	*se duermen*
enamorarse	*me enamoro*	te enamoras	*te enamorás*	*se enamora*	*nos enamoramos*	*os enamoráis*	*se enamoran*
ponerse	*me pongo*	*te pones*	te ponés	*se pone*	nos ponemos	os ponéis	se ponen
parecerse	*me parezco*	*te pareces*	*te parecés*	se parece	*nos parecemos*	*os parecéis*	*se parecen*
volverse	*me vuelvo*	*te vuelves*	te volvés	*se vuelve*	*nos volvemos*	*os volvéis*	*se vuelven*
divertirse	*me divierto*	*te diviertes*	*te divertís*	*se divierte*	*nos divertimos*	os divertís	*se divierten*

Actividad 2: 1. nos acostamos 2. nos quedamos 3. despertarnos 4. se ducha 5. me bebo 6. me voy 7. nos divertimos 8. me enojo 9. se peinan 10. se maquillan 11. nos sentamos 12. calmarnos **Actividad 3:** 1. dedican 2. se tatúan 3. llaman 4. dormimos 5. nos enamoramos 6. se acuerda 7. se dedican 8. se van

6. *Gustar* y otros verbos similares   **Actividad 1:** *Respuestas posibles:* 1. le gusta 2. A mí; duelen 3. le encanta 4. hace falta 5. les molesta 6. ti; importa 7. queda 8. le toca 9. A; les cae mal **Actividad 2:** 1. A ti te molestan los zapatos./Los zapatos te molestan. 2. A nosotros nos conviene esta clase. Esta clase nos conviene. 3. A Ud. le duele la cabeza. / La cabeza le duele. **Actividad 3:** 1. Me parece 2. les toca 3. le conviene 4. Le fascina 5. Me hace falta 6. Me molesta 7. Le interesa 8. te quedan

Autoprueba: 1. se interesan 2. se gradúan 3. se reflejan 4. se dedican 5. se esfuerzan 6. identifica 7. les toca 8. se enfrentan 9. nos parece 10. se convierten

¡No te equivoques! **Práctica:** 1. pero 2. sino 3. sino 4. pero 5. sino que 6. pero

Práctica auditiva

Pronunciación y ortografía   **Actividad 2:** 1. za-pa-tos 2. es-truc-tu-ra 3. tri-ci-clo 4. tran-qui-li-dad 5. pu-bli-ci-dad 6. bue-no 7. cu-rio-sos 8. pres-tar-nos 9. trans-lú-ci-da 10. so-nám-bu-lo **Actividad 3:** 1. po-bla-do 2. es-cri-bir 3. aun-que 4. mons-truo 5. a-mis-tad 6. sim-ple 7. nun-ca 8. in-cré-du-lo 9. cas-ta 10. Lo-ren-zo

Cultura: 1. Puerto Rico; 1839 2. España 3. Latinoamérica; Cuba; Puerto Rico 4. Nueva York 5. maestro 6. educación

Circunlocución: 1. D 2. B 3. C

3: Raíces

Práctica escrita

Palabras   **Actividad 1:** 1. yernos y/o nueras 2. sobrinos 3. hijastro o hijastra 4. ahijado o ahijada 5. abuelos 6. estar distanciados 7. llorar 8. morir **Actividad 2:** 1. bautizo 2. quinceañera 3. boda 4. primera comunión 5. entierro 6. pascua 7. brindis **Actividad 3:** 1. apodo 2. nací; se mudó 3. tíos 4. mandan; anécdotas 5. adoptar 6. recuerdos; hogar 7. herencia 8. quieren; cariño 9. se casa; brindis; llorar 10. nos parecemos 11. nos llevamos bien; unidos

Estructuras   **7. El pretérito de indicativo** **Actividad 1:**

	yo	tú	él/ella/Ud.	nosotros	vosotros	ellos/ellas/Uds.
querer	quise	quisiste	quiso	quisimos	quisisteis	quisieron
dar	di	diste	dio	dimos	disteis	dieron
estar	estuve	estuviste	estuvo	estuvimos	estuvisteis	estuvieron
ser	fui	fuiste	fue	fuimos	fuisteis	fueron
ir	fui	fuiste	fue	fuimos	fuisteis	fueron
poder	pude	pudiste	pudo	pudimos	pudisteis	pudieron
traer	traje	trajiste	trajo	trajimos	trajisteis	trajeron
venir	vine	viniste	vino	vinimos	vinisteis	vinieron
tener	tuve	tuviste	tuvo	tuvimos	tuvisteis	tuvieron
caber	cupe	cupiste	cupo	cupimos	cupisteis	cupieron

Actividad 2: 1. se conocieron 2. terminó 3. se graduó 4. propuso 5. Tuvieron 6. Adquirieron 7. Nació 8. Celebraron **Recuerda:** Emilio José Torres Martínez **Actividad 3:** 1. Los novios intercambiaron anillos. 2. La novia se puso nerviosa. 3. La ceremonia fue muy corta. 4. El fotógrafo tomó muchas fotos. 5. La madrina leyó un poema. 6. Yo felicité a los novios. 7. El novio y la novia se besaron. 8. Tú disfrutaste la fiesta. 9. Los familiares se sintieron muy felices. 10. Los camareros sirvieron champán en la fiesta.

8. El imperfecto de indicativo   Actividad 1:

	yo	tú	él/ella/Ud.	nosotros	vosotros	ellos/ellas/Uds.
ir	iba	ibas	iba	íbamos	ibais	iban
hacer	hacía	hacías	hacía	hacíamos	hacíais	hacían
jugar	jugaba	jugabas	jugaba	jugábamos	jugabais	jugaban
ser	era	eras	era	éramos	erais	eran
ver	veía	veías	veía	veíamos	veíais	veían
correr	corría	corrías	corría	corríamos	corríais	corrían
hablar	hablaba	hablabas	hablaba	hablábamos	hablabais	hablaban
decir	decía	decías	decía	decíamos	decíais	decían
poder	podía	podías	podía	podíamos	podíais	podían

Actividad 2: 1. se reunían 2. era 3. preparaba 4. escuchábamos 5. hablaban 6. conocíamos 7. decían 8. debíamos **Actividad 3:** 1. corría 2. gritaba 3. prefería 4. dormía 5. criaba

9. Cómo se combinan el pretérito y el imperfecto **Actividad 1:** 1. tenía 2. decidí 3. eran 4. llovía 5. vivía 6. conocí 7. ayudaron 8. estaba 9. había 10. llamaba **Actividad 2:** 1. nació 2. creció 3. Era 4. Empezó 5. se casó 6. tenía 7. luchó 8. llegó 9. emigró 10. decidieron 11. consiguió 12. vivían 13. se criaron 14. murió 15. pudo 16. llevó 17. tuvieron 18. presentaron 19. se enamoró 20. volvió **Actividad 3:** 1. conocía 2. conocía 3. Quería; pude 4. sabía; supo 5. quiso

Autoprueba: 1. se casaron 2. Fue 3. prefirieron 4. era 5. estaba 6. hacía 7. Había 8. tuvo 9. pudieron 10. se emocionó 11. insistió 12. rompieron

¡No te equivoques! **Práctica:** 1. historias 2. cuento 3. historia 4. cuentas 5. cuentos 6. cuenta

Práctica auditiva

Pronunciación y ortografía   **Actividad 1:** 1. aguda 2. aguda 3. llana 4. aguda 5. llana 6. llana 7. aguda 8. aguda 9. llana 10. llana 11. llana 12. llana **Actividad 2:** 1. guante, llana 2. carnaval, aguda 3. reloj, aguda 4. estupidez, aguda 5. Jaime, llana 6. sobrio, llana 7. calentador, aguda 8. cariz, aguda 9. peine, llana 10. pared, aguda **Actividad 3:** 1. aguda 2. llana 3. llana 4. aguda 5. aguda 6. llana 7. llana 8. llana 9. llana 10. llana 11. aguda 12. llana

Cultura: 1. las madrinas 2. bautizo 3. Latinoamérica 4. costumbre 5. compadres 6. parentesco

Circunlocución: 1. D 2. B 3. A

4: Con el sudor de tu frente...

Práctica escrita

Palabras   **Actividad 1 Paso 1:** 1. el/la pintor/a 2. el/la albañil 3. el/la jardinero/a 4. el/la basurero/a 5. el/la mecánico/a 6. el/la electricista 7. el/la cocinero/a 8. el/la fontanero/a **Paso 2:** 1. el/la vendedor(a) 2. el/la abogado/a 3. el/la profesor(a) 4. el/la piloto 5. el/la asistente de vuelo 6. el/la trabajador(a) social 7. el/la bibliotecario/a 8. el/la ingeniero/a 9. el/la arquitecto/a 10. el/la programador(a) **Actividad 2:** 1. una carta de recomendación 2. la formación 3. el currículum vitae 4. los anuncios clasificados 5. el contrato 6. un despido 7. un socio 8. la firma **Actividad 3:** 1. meta 2. mercado 3. sindicato 4. socio 5. horario 6. puesto 7. empresa 8. jubilarse

Estructuras   **10. El *se* accidental**   **Actividad 1:** 1. se le olvidó 2. se le quemaron 3. se les cayó 4. se le quedaron 5. se les acabó **Actividad 2:** 1. se le perdieron 2. se (les) acabó/ se (les) terminó 3. se me rompieron 4. se (nos) quemaron 5. se le acabó **Actividad 3:** 1. se me rompieron 2. se le cayó 3. se les cayeron 4. se te olvidó 5. se les perdió

11. El presente perfecto de indicativo   Actividad 1: 1. cubierto 2. dicho 3. propuesto 4. roto 5. vuelto 6. hecho 7. ido 8. muerto 9. resuelto 10. visto 11. respondido 12. sido
Actividad 2: 1. han pedido/recibido 2. ha autorizado 3. has recibido/firmado 4. ha cambiado 5. han podido 6. hemos mandado 7. ha firmado/recibido 8. ha cubierto
Actividad 3: 1. he trabajado 2. he tenido 3. ha llegado 4. ha hecho 5. hemos visto 6. ha decidido 7. hemos escrito

12. El pluscuamperfecto de indicativo   Actividad 1: 1. habían desaparecido 2. había hecho 3. habían visto 4. habíamos descubierto 5. se habían convertido
Actividad 2: 1. estudió; había leído 2. había completado; aceptaron 3. solicitó 4. dieron 5. llegó; había recibido 6. creció 7. mejoraron 8. ofreció; habían pedido 9. hablé; había empezado **Actividad 3:** 1. recibió 2. había renunciado 3. se sorprendió 4. había pensado 5. dijo 6. había tenido 7. agradeció 8. había dado 9. explicó 10. había tomado

Autoprueba: 1. ha dejado 2. se dedicó 3. Nació 4. emigró 5. se destacó 6. llegó 7. había experimentado 8. combinó 9. había luchado 10. desarrolló 11. participó 12. apareció 13. había muerto 14. había contribuido

¡No te equivoques!   Práctica: 1. porque 2. Como 3. A causa de

Práctica auditiva

PRONUNCIACIÓN Y ORTOGRAFÍA   **Actividad 1:** 1. amor; no lleva acento 2. llamo; no lleva acento 3. llamó; sí lleva acento 4. práctico; sí lleva acento 5. practicó; sí lleva acento 6. practique; no lleva acento 7. lápiz; sí lleva acento 8. piénsalo; sí lleva acento 9. quise; no lleva acento 10. guisé; sí lleva acento 11. murciélago; sí lleva acento 12. árido; sí lleva acento 13. agua; no lleva acento 14. rey; no lleva acento **Actividad 2:** 1. río: hiato 2. dio: diptongo 3. farmacia: diptongo 4. policía: hiato 5. puerco: diptongo 6. tierra: diptongo 7. ataúd: hiato 8. viuda: diptongo 9. buitre: diptongo 10. acentúo: hiato 11. acentuó: diptongo 12. causa: diptongo 13. quieto: diptongo 14. pleito: diptongo 15. maíz: hiato 16. ruido: diptongo 17. oído: hiato 18. heroico: diptongo 19. lección: diptongo 20. lecciones: diptongo **Actividad 3:** 1. canción; aguda 2. canciones; llana 3. comí; aguda 4. estructura; llana 5. México; esdrújula 6. lugar; aguda 7. témpano; esdrújula 8. hielo; llana 9. curiosos; llana 10. creído; llana 11. convienen; llana 12. quise; llana 13. subió; aguda 14. pudo; llana 15. gracias; llana 16. hacías; llana 17. quiérelo; esdrújula 18. ciudad; aguda **Actividad 4:** 1. té; café 2. Te 3. lápiz 4. Ayer; pude 5. Mi; azul 6. película; emoción 7. tradiciones; mí 8. león; feroz 9. increíble; incrédulo

Cultura: 1. cuarenta 2. cuarenta y siete 3. cinco 4. doce 5. natalidad 6. vida 7. África 8. Este 9. agricultura 10. servicio 11. origen

Circunlocución: 1. A 2. D 3. C

5: El mundo al alcance de un clic

Práctica escrita

Palabras   **Actividad 1:** 1. c 2. a 3. b   **Actividad 2:** 1. e 2. d 3. f 4. b 5. c 6. a 7. h 8. g
Actividad 3: 1. búsqueda 2. página web 3. programa 4. funciona 5. Internet 6. chatear
7. teléfono móvil 8. impresora 9. imprimir 10. correos electrónicos 11. mandan 12. cara
a cara

Estructuras   **13. El presente de subjuntivo: Introducción y contexto de
influencia   Actividad 1:**

	yo	tú	él/ella/Ud.	nosotros	vosotros	ellos/ellas/Uds.
amar	ame	ames	ame	amemos	améis	amen
beber	beba	bebas	beba	bebamos	bebáis	beban
abrir	abra	abras	abra	abramos	abráis	abran
ir	vaya	vayas	vaya	vayamos	vayáis	vayan
saber	sepa	sepas	sepa	sepamos	sepáis	sepan
ser	sea	seas	sea	seamos	seáis	sean
venir	venga	vengas	venga	vengamos	vengáis	vengan
poner	ponga	pongas	ponga	pongamos	pongáis	pongan
decir	diga	digas	diga	digamos	digáis	digan

Actividad 2: 1. se sienten 2. crea 3. dar 4. piden 5. intentan 6. sea 7. piensan 8. sea
9. muestran 10. quieren 11. permiten 12. haga 13. tiene 14. requieren 15. proteja
16. creo 17. tiene 18. pueda   **Actividad 3** 1. compran 2. cueste 3. es 4. deben
5. recibir 6. haga 7. vaya 8. sepa 9. comunica 10. utilicen

14. Los mandatos formales e informales   Actividad 1:

	tú	Ud.	nosotros
tocar	*toca* *no toques*	*toque* *no toque*	*toquemos* *no toquemos*
conocer	*conoce* *no conozcas*	conozca no conozca	*conozcamos* *no conozcamos*
divertirse	*diviértete* *no te diviertas*	*diviértase* *no se divierta*	divirtámonos no nos divirtamos
decir	*di* *no digas*	*diga* *no diga*	*digamos* *no digamos*
hacer	*haz* *no hagas*	*haga* *no haga*	*hagamos* *no hagamos*
tener	*ten* *no tengas*	*tenga* *no tenga*	*tengamos* *no tengamos*
ser	*sé* *no seas*	*sea* *no sea*	*seamos* *no seamos*
irse	*vete* *no te vayas*	*váyase* *no se vaya*	*vámonos* *no nos vayamos*
ponerse	*ponte* *no te pongas*	*póngase* *no se ponga*	*pongámonos* *no nos pongamos*
llegar	*llega* *no llegues*	*llegue* *no llegue*	*lleguemos* *no lleguemos*

Actividad 2: 1. dé 2. Investigue 3. Mantenga 4. use   **Actividad 3:** 1. comunícate 2. gastes 3. suscríbete 4. pienses 5. conéctate

Autoprueba: 1. arregle 2. Déjame 3. hacer 4. hay 5. Enciéndela 6. debemos 7. Búscalo 8. preste 9. Dile 10. vas 11. consultar 12. estemos

¡No te equivoques!   Práctica: 1. de; Ø 2. en; que 3. que; que 4. en; En; en

Más personal   Actividad 3: 1. Sí, memorícelo. 2. Sí, acéptelas. 3. Sí, muéstrelo. 4. No, no se la diga a nadie.

Práctica auditiva

PRONUNCIACIÓN Y ORTOGRAFÍA   **Actividad 2:** 1. casta 2. quepa 3. ataca 4. ataque 5. kurdistano 6. kimono 7. kilogramo 8. coloco 9. pulque 10. paquete 11. orquesta 12. cumbre 13. izquierda 14. queja

Cultura: 1. impresionado 2. tecnológicos 3. mecánica 4. soledad 5. comunicación

Circunlocución: 1. B 2. C 3. A

6: La buena vida

Práctica escrita

PALABRAS   **Actividad 1:** 1. la vela 2. la copa 3. la feria 4. la servilleta 5. oler a 6. el bienestar   **Actividad 2:** 1. entretenimiento 2. ocio 3. pasarlo bien 4. chistes 5. Feria 6. paseo 7. trasnochar   **Actividad 3:** 1. barbacoa 2. pasa bien 3. dominó 4. crucigrama 5. charla 6. cucharas 7. pimienta 8. paseo 9. huele 10. chiste 11. se entretienen

ESTRUCTURAS   **15. El subjuntivo en cláusulas nominales: Expresiones de emoción y duda   Actividad 1:** 1. Es sorprendente que (él) baile salsa tan bien. 2. Ojalá (que) (a Ud.) le guste el chiste. 3. Es extraño que vayas al cine con su novia. 4. Tenemos ganas de que (Uds.) vengan a la feria con nosotros. 5. Es dudoso que (ellos) estén diciendo la verdad. 6. No está claro que sea la información adecuada. 7. Agradezco que (ella) tenga comida para todos. 8. Nos alegramos de que (ellos) viajen tres veces al año. 9. Mi hermana está contenta de que (yo) pueda visitar a mis padres con frecuencia. 10. Uno se asombra de que tanta gente venga al concierto.   **Actividad 2:** 1. pregunten 2. sea 3. sirven 4. encuentren 5. consiste 6. visitar 7. compren 8. usen 9. ayuden 10. vaya

16. El _se_ impersonal   Actividad 1: 1. Se necesita 2. Se puede 3. Se trabaja 4. Se da; se les da 5. Se ofrecen 6. Se viaja 7. Se puede hacer 8. Se puede   **Actividad 2:** 1. Se pone 2. se comienza 3. Se corta 4. Se colocan 5. Se mantienen 6. Se come

Autoprueba: 1. depende 2. haya 3. puede 4. demuestra 5. tiene 6. sienten 7. exista 8. asocian 9. está 10. dejen 11. saber 12. aprendamos 13. dice

¡No te equivoques! Práctica: 1. Por 2. para 3. para 4. por 5. por 6. para 7. Por 8. por 9. por 10. para 11. por 12. para

MÁS **personal   Actividad 4:   Paso 1:** 1. Se ponen todos los ingredientes en una batidora. 2. Se añade hielo. 3. Se mezclan todos los ingredientes. 4. Se sirve en un vaso. 5. Se adorna con rodajas de piña.

Práctica auditiva

PRONUNCIACIÓN Y ORTOGRAFÍA   **Actividad 2:** 1. [g] 2. [g] 3. [g] 4. [g] 5. [g] 6. [g] 7. [g] 8. [g]; [g] 9. [g]; [g] 10. [g]; [g] 11. [g]; [g] 12. [g];/x/; [g]

Actividad 3: 1. juguetes 2. pegues 3. escojas 4. juguemos 5. ajedrez 6. portuguesa

Cultura: 1. música 2. fiesta 3. Cuba 4. humilde 5. africanas 6. rumberos 7. instrumentos 8. cajón 9. cuchara 10. tambores

Circunlocución: 1. B 2. A 3. D

7: Nos-otros

Práctica escrita

PALABRAS   **Actividad 1:** 1. patria 2. pobreza 3. riqueza 4. frontera 5. desilusión
6. emigración   **Actividad 2:** 1. bilingüe 2. patria 3. ciudadanos 4. lengua materna
5. bandera 6. símbolo 7. raíces 8. se crió 9. zona residencial 10. acostumbrado
11. adaptarse 12. echa de menos 13. nostalgia 14. superarse 15. nivel de vida 16. ilusión
17. esperanza   **Actividad 3:** 1. e 2. c 3. a 4. f 5. b 6. d

ESTRUCTURAS   **17. Palabras indefinidas, negativas y positivas   Actividad 1:** 1. nunca
2. No; nadie 3. no; ni 4. Nadie; ni; tampoco 5. no; nunca   **Actividad 2:** 1. no; nadie
2. nadie 3. no; ni 4. Nunca; ningún 5. No; ni; ni

18. El indicativo y el subjuntivo en cláusulas adjetivales   Actividad 1: 1. desean
2. busca; se sientan 3. necesita; puedan 4. quieran 5. enseñan 6. tienen 7. ayuda;
disfrutan   **Actividad 2:** 1. ¿Hay alguien que esté indocumentado? 2. Conoce a alguien
que necesita la tarjeta de residente. 3. No hay nadie en el grupo que tenga la residencia
legal en este país. 4. Hay varias personas que están solicitando el pasaporte. 5. No
conozco a nadie que venga de otro país. 6. Hay muchas personas que envían dinero a su
país de origen. 7. Buscamos a alguien que sepa el valor de ser bilingüe.

Autoprueba: 1. ningún 2. sea 3. sirve 4. lleguen 5. deben 6. no 7. permite 8. nadie
9. no 10. tenga 11. también 12. incluye 13. contiene 14. no 15. pueda 16. ni
17. cometan 18. tampoco

¡No te equivoques!   Práctica: 1. En la actualidad 2. en realidad 3. actual 4. real

Práctica auditiva

PRONUNCIACIÓN Y ORTOGRAFÍA   **Actividad 2:** 1. r 2. d 3. r 4. t 5. d 6. d 7. r 8. t 9. d
10. t 11. r 12. t

Actividad 3: 1. [d] 2. [đ] 3. [đ] 4. [d] 5. [đ] 6. [d] 7. [đ] 8. [d] 9. [d] 10. [đ]
Actividad 4: 1. Cada; cara 2. nada; nata 3. pata; para 4. pudo; puro 5. oda; hora 6. pida;
pira 7. paro; Pato

Cultura: 1. millones 2. Estados Unidos 3. lengua 4. académico 5. afirman 6. idiomas
7. pureza 8. hable 9. hispanohablantes 10. comunidades

Circunlocución: 1. C 2. B 3. A

8: Nuestro pequeño mundo

Práctica escrita

Palabras   Actividad 1: 1. e 2. f 3. g 4. c 5. a 6. b 7. d   Actividad 2: 1. recursos
naturales 2. bote 3. envases 4. reciclables 5. contenedor 6. preserve 7. ambiente
8. pesticidas 9. cosechas 10. países desarrollados 11. reducir 12. ambiental

Estructuras   **19. El futuro y el futuro perfecto de indicativo**

Actividad 1:

	Futuro					
	yo	tú	él/ella/Ud.	nosotros	vosotros	ellos/ellas/Uds.
decir	diré	dirás	dirá	diremos	diréis	dirán
ir	iré	irás	irá	iremos	iréis	irán
hacer	haré	harás	hará	haremos	haréis	harán
poder	podré	podrás	podrá	podremos	podréis	podrán
reducir	reduciré	reducirás	reducirá	reduciremos	reduciréis	reducirán
tener	tendré	tendrás	tendrá	tendremos	tendréis	tendrán
poner	pondré	pondrás	pondrá	pondremos	pondréis	pondrán
botar	botaré	botarás	botará	botaremos	botaréis	botarán
salir	saldré	saldrás	saldrá	saldremos	saldréis	saldrán
saber	sabré	sabrás	sabrá	sabremos	sabréis	sabrán

	Futuro perfecto					
	yo	tú	él/ella/Ud.	nosotros	vosotros	ellos/ellas/Uds.
reciclar	habré reciclado	habrás reciclado	habrá reciclado	habremos reciclado	habréis reciclado	habrán reciclado
poner	habré puesto	habrás puesto	habrá puesto	habremos puesto	habréis puesto	habrán puesto
decir	habré dicho	habrás dicho	habrá dicho	habremos dicho	habréis dicho	habrán dicho
morir	habré muerto	habrás muerto	habrá muerto	habremos muerto	habréis muerto	habrán muerto
ser	habré sido	habrás sido	habrá sido	habremos sido	habréis sido	habrán sido

Actividad 2: 1. tendrá 2. crearán 3. pondrán 4. darán 5. purificarán 6. habrá 7. será 8. harán 9. Podremos 10. sabremos

20. El indicativo y el subjuntivo en cláusulas adverbiales   Actividad 1: 1. para que 2. después de que 3. con tal que 4. Cuando 5. sin que 6. para 7. aunque 8. A fin de que 9. para que 10. después de 11. antes de que   **Actividad 2:** 1. boten 2. tener 3. salgo 4. sea 5. voy 6. satisfacer 7. se creen 8. vaya   **Actividad 3:** 1. está 2. eviten 3. ser 4. traten 5. economicen 6. se mantengan 7. recorre 8. podamos

Autoprueba: 1. sobrevivir 2. necesitan 3. entre 4. salga 5. están 6. es 7. puede 8. hagamos 9. desaparecerá 10. podrán 11. entienda 12. sirven 13. benefician 14. ofrecen

¡No te equivoques!   Práctica: 1. apoya 2. soporto 3. sostiene 4. mantiene

MÁS **personal   Actividad 1:** *Respuestas posibles:* 1. la selva 2. la capa de ozono 3. sembrar 4. proteger 5. extinguir 6. la contaminación 7. el piso

Práctica auditiva

PRONUNCIACIÓN Y ORTOGRAFÍA   **Actividad 2:** 1. /rr/ 2. /rr/ 3. /r/ 4. /rr/ 5. /r/ 6. /rr/ 7. /r/ 8. /r/   **Actividad 3:** 1. enredadera 2. regadera 3. parral 4. burro 5. tercio 6. terrón 7. lirón 8. ratón 9. pargo 10. cerrojo

Cultura: 1. biológicos 2. energía 3. cultivos 4. maíz 5. madera 6. Naciones 7. solución 8. hambre 9. sustentable

Circunlocución: 1. D 2. C 3. A

9: En busca de la igualdad

Práctica escrita

PALABRAS   **Actividad 1:** 1. sorda 2. lesbiana 3. preso 4. libertad 5. religiosa 6. ONG 7. un varón 8. analfabetismo   **Actividad 2:** 1. e 2. c 3. b 4. f 5. a 6. d **Actividad 3:** 1. discapacitados 2. rechazo 3. voz 4. marginados 5. injusta 6. asistencia pública 7. mejorar 8. ciegos 9. se opone 10. discriminación social 11. promueve 12. Con respecto 13. se esfuerza 14. integrar

ESTRUCTURAS   **21. El presente perfecto de subjuntivo   Actividad 1:** 1. hayan discutido 2. hayan denunciado 3. se haya opuesto 4. hayan expresado 5. haya negado 6. hayan construido   **Actividad 2:** 1. ha evaluado 2. haya leído 3. han exigido 4. hayan hecho 5. haya trabajado 6. se hayan enfrentado 7. ha asociado; han apoyado 8. haya ofrecido   **Actividad 3:** 1. ha sido 2. ha evaluado 3. han enfrentado 4. haya reconocido 5. ha logrado 6. ha discutido 7. ha encontrado 8. haya presentado 9. han retrasado 10. haya hecho

22. Los pronombres relativos   Actividad 1:   Que / quien / quienes: 1. que 2. quien 3. que 4. quienes 5. que 6. quien **El cual / la cual / los cuales / las cuales:** 1. el cual 2. la cual 3. el cual 4. los cuales **Cuyo(a) / cuyos(as) / donde / lo que (lo cual):** 1. Lo que 2. cuyo 3. lo que / lo cual 4. Lo que 5. donde 6. donde 7. cuyas   **Actividad 2:** 1. Te presté el libro que compré en Nicaragua. / El libro que te presté lo compré en Nicaragua. 2. Esa es la profesora del curso de género, con quien / con la que / con la cual estudiamos diferentes movimientos feministas. 3. Préstame el CD que tienes de música andina. 4. Lo que más me gustó en la película fue la buena actuación. 5. Los indígenas, cuyas artesanías son muy famosas, nos recibieron con mucha amabilidad.   **Actividad 3:** 1. quien 2. cuyo 3. donde 4. que 5. Lo que 6. que 7. que 8. que 9. que 10. que 11. que

Autoprueba: 1. ha analizado 2. han recibido 3. logre / haya logrado 4. han establecido/ hayan establecido 5. ha respondido 6. que 7. ha visto 8. hayan desarrollado 9. que 10. ha tratado 11. cuyo 12. ha aprobado 13. han hecho 14. Lo que 15. hayan creado 16. quienes

¡No te equivoques!   Práctica: 1. b 2. a 3. b 4. a

Práctica auditiva

PRONUNCIACIÓN Y ORTOGRAFÍA   **Actividad 2:** 1. humilde 2. huida 3. búho 4. húmedo 5. hábil 6. azahar 7. bahía 8. hombro 9. hoyo 10. hedor

Cultura: 1. sido 2. fecha 3. hermanas 4. quienes 5. servido 6. lucharon 7. modelo 8. injusticias

Circunlocución: 1. D 2. C 3. A

10: Los tiempos precolombinos

Práctica escrita

PALABRAS   **Actividad 1:** 1. la época 2. descubrir 3. el/la arqueólogo/a 4. defender 5. ancestral 6. el territorio   **Actividad 2:** 1. siglo 2. milenio 3. fecha 4. época 5. era **Actividad 3:** 1. defender 2. reina 3. Chile 4. conquista 5. milenio 6. descubrimiento

23. El imperfecto de subjuntivo   Actividad 1:

	yo	tú	él/ella/Ud.	nosotros	vosotros	ellos/ellas/Uds.
pensar	pensara pensase	*pensaras* *pensases*	*pensara* *pensase*	*pensáramos* *pensásemos*	*pensarais* *pensaseis*	*pensaran* *pensasen*
comer	comiera comiese	comieras comieses	*comiera* *comiese*	*comiéramos* *comiésemos*	*comierais* *comieseis*	comieran comiesen
ir	*fuera* *fuese*	*fueras* *fueses*	*fuera* *fuese*	fuéramos fuésemos	*fuerais* *fueseis*	*fueran* *fuesen*
hacer	*hiciera* *hiciese*	*hicieras* *hicieses*	*hiciera* *hiciese*	*hiciéramos* *hiciésemos*	hicierais hicieseis	*hicieran* *hiciesen*
poner	*pusiera* *pusiese*	*pusieras* *pusieses*	*pusiera* *pusiese*	*pusiéramos* *pusiésemos*	*pusierais* *pusieseis*	pusieran pusiesen
dar	*diera* *diese*	*dieras* *dieses*	*diera* *diese*	*diéramos* *diésemos*	*dierais* *dieseis*	*dieran* *diesen*
estar	*estuviera* *estuviese*	*estuvieras* *estuvieses*	*estuviera* *estuviese*	*estuviéramos* *estuviésemos*	*estuvierais* *estuvieseis*	*estuvieran* *estuviesen*

Actividad 2: 1. hubiera/hubiese 2. ocurriera/ocurriese 3. fuera/fuese 4. tuvieran/ tuviesen 5. unieran/uniesen 6. pasara/pasase 7. expresaran/expresasen 8. trajera/ trajese 9. supiera/supiese   **Actividad 3:** 1. existieran/existiesen 2. pudieras/ pudieses 3. fueran/fuesen 4. pertenezcan 5. dijera/dijese 6. terminemos 7. hablara/ hablase 8. estudiara/estudiase

24. El condicional   Actividad 1:

	yo	tú	él/ella/Ud.	nosotros	vosotros	ellos/ellas/Uds.
viajar	*viajaría*	*viajarías*	*viajaría*	*viajaríamos*	*viajaríais*	*viajarían*
venir	*vendría*	*vendrías*	*vendría*	*vendríamos*	*vendríais*	*vendrían*
salir	*saldría*	*saldrías*	*saldría*	*saldríamos*	*saldríais*	*saldrían*
poner	*pondría*	*pondrías*	*pondría*	*pondríamos*	*pondríais*	*pondrían*
hacer	*haría*	*harías*	*haría*	*haríamos*	*haríais*	*harían*
decir	*diría*	*dirías*	*diría*	*diríamos*	*diríais*	*dirían*

Actividad 2: 1. Podría 2. recomendaría 3. sería 4. querrías 5. gustaría   **Actividad 3:** 1. fueran/fuesen; sabríamos 2. tendríamos; encontraran/encontrasen 3. siguieran/siguiesen; nos quedaríamos 4. conocerían; usaran/usasen 5. sabrían; estudiaran/estudiasen 6. interpretáramos/interpretásemos; veríamos

Autoprueba: 1. hayas oído 2. Eran 3. encontraría/encontrara 4. sabían 5. conocían 6. era 7. fueran/fuesen 8. tuvieran/tuviesen 9. estaba 10. se transmitían 11. utilizaran/ utilizasen 12. era 13. intercambiaran/intercambiasen

¡No te equivoques!   **Práctica:** 1. a 2. a 3. b 4. b 5. a

Práctica auditiva

PRONUNCIACIÓN Y ORTOGRAFÍA   **Actividad 2**   **Paso 2:** 1. caza 2. caso 3. sumo 4. pace 5. cita 6. pazo 7. a su lado 8. hace 9. matiz 10. cocer   **Actividad 3:** 1. Paz 2. casarse 3. Cocinas 4. Jacinto 5. pez 6. Haz 7. felices 8. Lucía

Cultura: 1. poema 2. real 3. 1043 4. rey 5. reino 6. Castilla 7. ciudad 8. musulmanes 9. VIII 10. 1099

Circunlocución: 1. A 2. B 3. D

11: Los tiempos coloniales: Después del encuentro entre España y América

Práctica escrita

PALABRAS   **Actividad 1**   **Paso 1:**   1. la oficina de correos 2. un palacio / un castillo 3. la hacienda / la plantación 4. el ayuntamiento 5. la mina 6. la catedral 7. la catedral / el convento / el monasterio 8. el castillo   **Paso 2:** 1. el ayuntamiento 2. la hacienda / la plantación 3. la hacienda / la plantación 4. el palacio 5. una plantación / una mina / una hacienda 6. la oficina de correos 7. la catedral 8. el monasterio 9. el convento **Actividad 2:** 1. renacentista 2. surrealista 3. abstracto 4. impresionista 5. neoclásico 6. barroco   **Actividad 3:** 1. neoclásico 2. fachada 3. bella 4. escalera 5. piso 6. torre 7. altar 8. columnas 9. bóveda 10. hermosas

ESTRUCTURAS   **25. El pasado perfecto o pluscuamperfecto de subjuntivo**   **Actividad 1:** 1. hubiera/hubiese crecido 2. hubieran/hubiesen escrito 3. se hubiera/hubiese casado 4. hubieran/hubiesen dominado 5. hubieran/hubiesen invadido   **Actividad 2:** 1. hubieran/hubiesen contado 2. habían muerto 3. hubieran/hubiesen nacido 4. hubieran/hubiesen desarrollado 5. hubieran/hubiesen encontrado 6. hubieran/ hubiesen vivido 7. hubieran/hubiesen empezado   **Actividad 3:** 1. ingresara/ingresase 2. hubiera/hubiese destruido 3. tuvieran/tuviesen 4. pudieras/pudieses 5. hubiera/ hubiese causado 6. llegues

26. El condicional perfecto   Actividad 1: 1. habría alegrado 2. hubieras/hubieses visitado 3. hubiéramos/hubiésemos recordado 4. habría gustado 5. hubieran/hubiesen observado 6. habríamos solucionado 7. hubiéramos/hubiésemos regresado 8. habría necesitado   **Actividad 2:** 1. hubieran/hubiesen llegado; habrían luchado 2. habrían podido; hubieran/hubiesen construido 3. hubieran/hubiesen mantenido; habría desarrollado 4. habría ganado; hubiera/hubiese conocido 5. hubieran/hubiesen estado; habrían reaccionado   **Actividad 3:** 1. investigáramos/investigásemos 2. existiera/existiese 3. se convirtiera/convirtiese 4. hiciera/hiciese 5. apoyaran/apoyasen 6. acompañaran/acompañasen 7. muriera/muriese 8. hubiera/hubiese descubierto 9. hubiera/hubiese sabido 10. habría escrito

Autoprueba: 1. nació 2. dependía 3. entró 4. obtuvo 5. Tenía 6. quería 7. concedieran/concediesen 8. hubieran/hubiesen perdido 9. habría cruzado 10. exigió 11. declararan/declarasen 12. liberó 13. sabía 14. se pusiera/pusiese 15. se reunieron 16. se unieran/uniesen 17. hubiera/hubiese ocurrido 18. habrían contado 19. lograran/lograsen 20. murió

¡No te equivoques!   Práctica: 1. hacen; preguntan; preguntar; pregunta; me pregunto 2. pedir 3. pregunta; pide

Práctica auditiva

Pronunciación y ortografía   **Actividad 2:** 1. [ƀ] 2. [b] 3. [b] 4. [ƀ] 5. [ƀ] 6. [ƀ] 7. [b] 8. [ƀ] 9. [b] 10. [ƀ]; [ƀ]   **Actividad 3:** 1. hierba; caballo 2. cabello 3. móvil 4. cebolla 5. nueve ovejas 6. abejas 7. soberano 8. barón; varones 9. votas 10. botas

Cultura: 1. nació 2. París 3. Caracas 4. La Habana 5. histórica 6. mundo 7. arquitectura 8. literatura 9. barroca 10. iglesias

Circunlocución: 1. B 2. A 3. C

12: Independencia y democracia en Latinoamérica

Práctica escrita

Palabras   **Actividad 1:** 1. d 2. a 3. e 4. c 5. b   **Actividad 2:** 1. senado 2. constitución 3. senadores 4. elecciones 5. ministros 6. gobiernos 7. firmar 8. tratado 9. afiche 10. represión 11. golpe 12. plebiscito   **Actividad 3:** 1. referéndum 2. constitución 3. candidata 4. ministra 5. gobierno 6. carteles 7. Sin embargo 8. beneficiar 9. a pesar

Estructuras   **27. La voz pasiva   Actividad 1:** 1. fue aprobado 2. fueron discutidas 3. fue gobernado 4. fueron construidas 5. fue escrito 6. fue propuesto   **Actividad 2:** 1. fueron recibidos 2. será apoyada 3. es elegido 4. fue presentado 5. será convocada 6. fue apoyada   **Actividad 3   Paso 1:** 1. Se revisó el presupuesto. 2. Se redactó la carta. 3. Se arrestó a los sublevados. 4. Se firmó el tratado. 5. Se admiró la obra maestra.

Paso 2: 1. Revisaron el presupuesto. 2. Redactaron la carta. 3. Arrestaron a los sublevados. 4. Firmaron el tratado. 5. Admiraron la obra maestra.

28. El subjuntivo en cláusulas independientes   Actividad 1: 1. b 2. d 3. e 4. a 5. c

Autoprueba: 1. define 2. fomentan 3. fue creado 4. busca 5. fueron afectados 6. intenta 7. tiene 8. fue amenazada 9. fueron firmados 10. manifiesta 11. habla 12. discute 13. mantiene 14. comprende 15. resuelve 16. necesitan 17. presentan

MÁS **personal   Actividad 2:** *Respuestas posibles:* 1. ¡Que te diviertas! 2. ¡Que Dios se lo pague! 3. ¡Que se mejore! 4. ¡Que lo arregle todo antes de que yo vuelva! 5. ¡Que tengan buen viaje!

¡No te equivoques!   Práctica: 1. Voy; llevo 2. viene; trae 3. Llevo 4. trae

Práctica auditiva

PRONUNCIACIÓN Y ORTOGRAFÍA   **Actividad 2:** 1. yerno; suyo 2. cuchillo; servilleta 3. brilla; estrella 4. payaso 5. cayó; mayo; rodilla 6. yo; calló 7. toalla; silla 8. uruguayo; yate; maravilloso 9. haya; rayos 10. halla

Cultura: 1. Común 2. tratado 3. Paraguay 4. Chile 5. política 6. democráticos 7. medio ambiente 8. sostenibles 9. igualdad 10. pobreza

Circunlocución: 1. B 2. C 3. A